CB055402

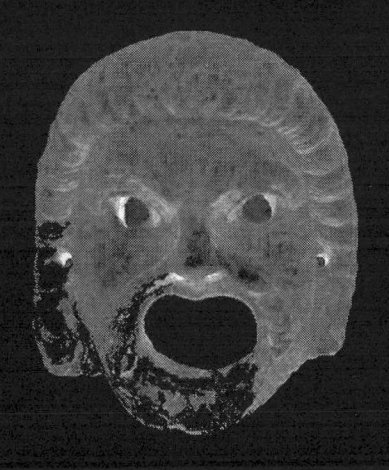

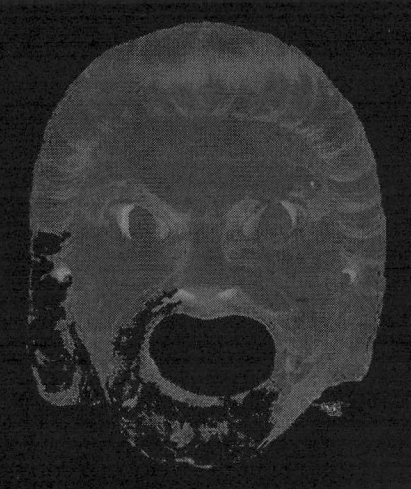

LUÍS NASSIF

O CASO VEJA
O NAUFRÁGIO DO JORNALISMO BRASILEIRO

KOTTER
EDITORIAL

Copyright ©Luis Nassif 2021

Direitos reservados e protegidos pela lei 9.610 de 19.02.1998.
É proibida a reprodução total ou parcial sem autorização, por escrito, da editora.

Coordenação editorial: Sálvio Nienkötter
Editor-executivo: Francieli Cunico
Editores-assistentes: Daniel Osiecki
Capa: Jussara Salazar
Design editorial: Carlos Garcia Fernandes
Produção: Cristiane Nienkötter
Preparação de originais e revisão: O Autor

Dados Internacionais de Catalogação na Publicação (CIP)
Angelica Ilacqua CRB-8/7057

Nassif, Luis
  O caso Veja / Luis Nassif. -- Curitiba : Kotter Editorial, 2021.
  304 p.

ISBN 978-65-89624-76-9

1. Jornalismo - Aspectos políticos - Brasil 2. Revista Veja 3. Crimes jornalísticos 4. Imprensa e política I. Título

21-3364 CDD 070.44932

Kotter Editorial Ltda.
Rua das Cerejeiras, 194
CEP: 82700-510 - Curitiba - PR
Tel. + 55(41) 3585-5161
www.kotter.com.br | contato@kotter.com.br

Feito o depósito legal
1ª Edição
2021

LUÍS NASSIF

O CASO VEJA
O NAUFRÁGIO DO JORNALISMO BRASILEIRO

SUMÁRIO

Introdução 9
O caso de Veja 15
A fraude do século 21

Globalização da mídia 33
Expansão capitalista e mídia 35

O mercado de opinião 51
O mercado de opinião 53

A era da Internet 61
O cartel brasileiro e a Internet 63

O padrão Murdoch 67
Murdoch define a estratégia de sobrevivência .. 69
Murdoch chega ao Brasil 81
O jornalismo brasileiro na era da infâmia 87
A lobista que foi chantageado por Veja 95
As duas pernas da indústria de dossiês 101

A parceria de Veja com Cachoeira 107
A guerra das loterias 109
O grampo no apartamento de Dirceu 121
Os esquemas com empreiteiras 127
O mensalão do PR 131
As escolas chinesas 133
O assassinato de reputação do Ministro dos Esportes .. 137
Os furos de Carlinhos Cachoeira 141
As reportagens sobre Os dólares de Cuba 143
O caso Farcs 145
O fim da parceria Veja-Cachoeira 153

O caso Satiagraha 161
    A maneira como Civita acertou com Dantas 163
    O caso Edson Vidigal 169
    O dossiê falso 181
    O medo no Supremo 187
    O grampo no Supremo 195
    Outras disputas comerciais 205
    As reportagens sobre remédios 215
    As manipulações com livros 223

A campanha midiática nas eleições de 2010 239
    O polvo no Poder 241
    O caso Quícoli 249
    A bolinha de papel 253

O linchamento de Gabriel Chalita 257

O caso Ivo Cassol 265
    A Lava Jato 275

A Lava Jato e o assassinato de reputações 283
    As contratações no setor elétrico 287
    As rixas com Ricardo Pessoa 289
    A vingança de Pessoa 291
    O excesso de pragmatismo 295
    A capa que quase decide a eleição 297

Introdução

Desde os anos 90, a par dos temas políticos, econômicos e culturais, tomei partido em diversos episódios jornalísticos que caracterizavam claramente crimes de imprensa.

Fui o primeiro jornalista a denunciar os abusos da mídia em casos célebres, como a campanha contra o então Ministro da Agricultura Alceni Guerra, os casos Escolas Base e Bar Bodega, entre outros. Alguns desses temas foram tratados no livro *O jornalismo dos anos 90*.

Nele, situava o início dos abusos na campanha do impeachment de Fernando Collor, episódio em que houve um liberou geral e no qual a mídia abdicou de filtros mínimos de controle de qualidade.

Crítico de Collor, fui alvo de várias ações judiciais de seu grupo, por pressão dele perdi o programa de TV que tinha na TV Gazeta de São Paulo, Nacional de Brasília e Educativa do Rio. Mas quando começou a campanha do impeachment, parei a tempo alertado por um conselheiro experiente, o ex-embaixador Walther Moreira Salles que serviu em Washington no auge do período macarthista.

"Esses processos de linchamento trazem à tona o que de pior existe na natureza humana, observou ele, em um dos nossos encontros".

Mesmo assim, da redemocratização até meados dos anos 2.000, talvez a imprensa brasileira tenha passado pelo momento de maior abertura e diversidade. A campanha das diretas ganhou corações e mentes e a imprensa temia ser cobrada pelos anos de parceria com a ditadura. Essa abertura permitia contrapontos que funcionavam como uma autorregulação.

Em fins dos anos 90, publiquei uma série de artigos sobre abusos da imprensa que acabaram influenciando algumas direções. O Estadão, de Ruy Mesquita, e a própria Abril, de Roberto Civita, distribuíram cópias para seus diretores, visando chamar sua atenção para os exageros cometidos. Desde os anos 80, a Folha já dispunha da figura do *ombudsman*. A preocupação generalizada se devia a um projeto de lei para uma nova lei de imprensa em tramitação no Congresso.

Foi só refluir o PL para se desarmarem novamente os filtros jornalísticos.

A partir de algum momento em 2005, a diversidade começou a desaparecer e todos os erros anteriores da mídia perderam expressão perto do esgoto jornalístico que passou a jorrar intermitentemente dos jornais e TVs.

Antes, houve uma verdadeira Noite de São Bartolomeu que afastou dos jornais colunistas mais incômodos. O caos irresponsável do pós-impeachment de Collor foi substituído por uma ação articulada, quase uma operação de guerra cultural, na qual as opiniões foram enquadradas, os recalcitrantes fuzilados e os assassinatos de reputação banalizados.

A imprensa brasileira entrava na era da infâmia.

Raros momentos da história da imprensa brasileira registraram tantos absurdos simultâneos. Transformaram em escândalo a compra de uma tapioca com cartão corporativo. Um ex-presidiário, recém libertado, foi tratado como grande consultor, para uma denúncia inverossímil contra o BNDES.

Levou algum tempo para que conseguisse juntar as peças e decifrar o que estava ocorrendo.

A morte de três pioneiros – Ruy Mesquita, Otávio Frias de Oliveira e Roberto Marinho –, em uma fase de mudanças radicais no cenário da mídia, certamente contribuiu para a perda de rumo, ao colocar os herdeiros a reboque de Roberto Civita.

No início, deu para intuir que aqueles movimentos visavam devolver aos grupos de mídia o prestígio e o poder do período do impeachment. Mas não era apenas isso.

Aos poucos foram chegando informações sobre as estratégias políticas do australiano Rupert Murdoch, a maneira como passou a explorar a intolerância gerada pela migração, o uso do linguajar da ultradireita norte-americana, as interferências no Partido Republicano e, depois, na própria eleição presidencial. E, principalmente, a estratégia montada com os demais grandes grupos de mídia do país para conseguir eleger o seu candidato à presidência da República. Tornando-se um verdadeiro partido político, A Fox News se incumbia de criar os boatos e os demais em difundi-los. Depois, se valiam das redes sociais para ampliar a disseminação dos boatos. Inaugurava-se a era do que veio a ser conhecido como fenômeno da *fake news*. E sob comando dos grupos de mídia.

Tudo isso, somado à guerra cultural levada a efeito, era prenúncio das grandes manipulações das redes sociais dos anos seguintes, com o uso de estratégias de disseminação da informação através de algoritmos e de outros expedientes das chamadas guerras híbridas

Foi uma das mais sórdidas campanhas eleitorais da história dos Estados Unidos. Das próprias redes sociais veio uma reação espontânea, de grupos pró-Obama, que garantiu sua vitória.

Obama terminou a campanha sem dar uma entrevista sequer aos grupos de mídia. Eleito presidente, seu primeiro gesto foi convidar para um encontro na Casa Branca os presidentes da Apple, Google e Facebook.

Simbolicamente, ele mostrava ali o fim de um ciclo em que os grupos de mídia dominaram o mercado de opinião das democracias ocidentais, mais influentes que as igrejas, os sindicatos e os partidos políticos.

O uso da intolerância tornara-se arma política global dos grupos de mídia, visando potencializar sua influência política para combater os novos adversários que chegavam: as gigantes de telefonia.

Levou algum tempo para entenderem que os verdadeiros adversários eram as redes sociais.

Depois que passei a entender razoavelmente o pano de fundo, iniciei a série de reportagens sobre a revista *Veja*, pela Internet. Foi a primeira vez que um jornalista, armado apenas de um blog, ousava enfrentar uma máquina de assassinar reputações.

Para minha surpresa, naquele início de nova era, começaram a pipocar outros blogs independentes, entrando na guerra. Os hackers descobriram um sistema que permitia jogar o link da série no primeiro lugar da página de buscas do Google, quando se colocava revista *Veja*.

Foi uma luta complicada, porque a revista apelou para todo tipo de represália, com ataques pessoais pesados através de seus blogs, que afetaram a vida da minha família.

Contei com a compreensão de minhas filhas mais velhas e da minha esposa à época, a quem consultei antes de entrar na guerra, sabendo que seriam atingidas pelos jorros de esgoto da revista.

Creio não ter havido na história da imprensa campanha tão infame. Achacador, mascate, mão peluda, frequentador de sauna gay foram alguns dos ataques desferidos por blogueiros contratados por Roberto Civita, especializados na arte de assassinar reputações, especialmente Reinaldo Azevedo. Cada dia era um tormento, toda vez que minhas filhas de 10 e 9 anos iam para a escola, por não saber de que maneira os ataques chegariam até elas.

Deu para sentir na pele o que passaram as dezenas de vítimas de crimes da imprensa que defendi ao longo de minha passagem pela *Folha de São Paulo*.

E enfrentei o maior dos desafios, o de não devolver na mesma moeda. Não faltavam histórias remetidas por leitores indignados, relatando episódios que explicariam os ataques, notadamente os de cunho sexual. Felizmente, fui contido pela lembrança de que ele tinha filhas, que poderiam ser afetadas pela guerra suja.

A não ser os blogueiros anônimos e os leitores do blog, não houve um gesto de indignação por parte de colegas e da chamada opinião pública. Pelo contrário, antigos amigos, pessoas que recorriam à coluna, nos tempos da *Folha*, escondiam-se temerosos de se expor a um poder que parecia não ter limites. Associações de jornalistas, ONGs em defesa da liberdade de expressão, nenhuma se manifestou, com receio do agudo macarthismo que tomou conta do país, e do que parecia ser um poder ilimitado da revista para assassinar reputações impunemente.

A segunda etapa do ataque de *Veja* consistiu em abrir cinco ações judiciais.

Quando a guerra se estendeu para outros veículos, meus advogados abandonaram a ação, me deixando na mão. Sequer se valeram das mais de 500 páginas de ataques que sofri para proporem uma reconvenção contra os autores das ações.

Foram tempos extraordinariamente pesados, aos quais sobrevivi graças à solidariedade da família e aos leitores que plantavam palavras de apoio, na seção de comentários do blog.

Dedico este livro às filhas Mariana, Luiza, Beatriz e Dora, à neta Clara, que foram o amparo emocional que me garantiu a paz interior para não ceder.

À Eugênia, que muitos anos antes de a conhecer, já intuíra sobre os abusos da mídia e, como jovem procuradora, não se eximiu de sua responsabilidade, entrando com representações contra vários crimes de imprensa.

Aos leitores anônimos que, com seu apoio nos comentários do blog, criaram um colchão de carinho essencial para que não esmorecesse na luta.

Dois comentários em particular me sensibilizaram muito.

Um, o de um leitor que oferecia sua bicicleta para uma rifa de apoio contra as ações judiciais que pipocavam.

Outro, de Goiás, que me dizia que toda noite, antes de dormir, ele e a esposa rezavam por mim.

Foi quando me dei conta que o direito à informação é um valor tão essencial quanto o direito à alimentação, à saúde e à educação.

Vários dos capítulos foram escritos no momento em que ocorreram os episódios, refletindo as informações e análises disponíveis na época.

O caso de Veja

Veja constituiu-se no maior fenômeno de antijornalismo da história do país. Nem Assis Chateaubriand e seu jornalismo marrom, nem as campanhas inclementes contra Vargas e Jango chegaram aos pés do jornalismo de esgoto que passou a jorrar da revista especialmente a partir de 2005.

Gradativamente, o maior semanário brasileiro foi se transformando em um pasquim sem compromisso com o jornalismo, recorrendo a ataques desqualificadores contra quem atravessasse seu caminho, envolvendo-se em guerras comerciais ostensivas e aceitando que suas páginas e sites abrigassem matérias e colunas do mais puro esgoto jornalístico.

Reeditava, quase um século depois, o padrão dos anos 20 do "jornalismo marrom", da era dos "barões ladrões", como ficaram conhecidos o estilo e os primeiros empresários dos grupos de mídia.

Para entender o que se passou com a revista nesse período, é necessário juntar um conjunto de peças que remontam à própria criação dos grupos de mídia chegando até os tempos de Internet e das redes sociais e seus impactos sobre a mídia brasileira.

O primeiro conjunto são as mudanças estruturais que a mídia vem atravessando em todo mundo.

O segundo, a maneira como esses processos se refletiram nos grupos de mídia brasileiros e seus desdobramentos nas disputas políticas e empresariais.

O terceiro, as características específicas da revista *Veja*, e as mudanças pelas quais passou nos últimos anos.

O estilo neocon

De um lado há fenômenos gerais que modificaram profundamente a imprensa mundial nos últimos anos. A linguagem ofensiva, herança dos "neocons" americanos, foi adotada por parte da imprensa brasileira como se fosse a última moda.

Durante todos os anos 90, *Veja* havia desenvolvido um estilo jornalístico onde campeavam alusões a defeitos físicos, agressões e manipulação de declarações de fonte. Quando o estilo "neocon" ganhou espaço nos EUA, não foi difícil a revista radicalizar seu próprio estilo.

Um segundo fenômeno desse período foi a identificação de uma profunda antipatia da chamada classe média midiática em relação ao governo Lula, fruto dos escândalos do "mensalão", do deslumbramento inicial dos petistas que ascenderam ao poder, mas principalmente devido às políticas de inclusão social que despertaram forte preconceito de classe. Esse sentimento combinava com a catarse proporcionada pelo estilo "neocon".

Outros colunistas utilizaram esse falso elitismo com maior ou menor talento. Nenhum com a fúria grosseira com que *Veja* enveredou pelos novos-velhos caminhos jornalísticos. Mesmo após o estilo ser banalizado por dúzias de pitbulls a serviço desse jogo, *Veja* permaneceu imbatível.

O jornalismo e os negócios

Outro fenômeno recorrente — de certo modo imbricado com o nascimento do próprio negócio da notícia — foi o da terceirização das denúncias e o uso das notícias como ferramenta para disputas empresariais e jurídicas.

Trata-se de uma esperteza secular. Cria-se o inimigo externo, fomenta-se o macarthismo, em nome da guerra aceitam-se todos os abusos e, debaixo deles, as piores jogadas comerciais.

Sem o filtro do critério jornalístico, foram perpetrados todos os abusos. A loucura ganhou método quando esse aparente descontrole se tornou peça da estratégia editorial dos veículos.

O marketing da notícia, a falta de estrutura e de talento para a reportagem tornaram muitos jornalistas meros receptadores de dossiês preparados por lobistas.

Ao longo de toda a década, esse tipo de jogo criou uma promiscuidade perigosa entre jornalistas e lobistas. Havia um círculo férreo, que afetou em muito as revistas semanais. E um personagem que passou a cumprir, nas redações, o papel sujo antes desempenhado pelos repórteres policiais: os chamados repórteres de dossiês.

Consistia no seguinte:

O lobista procurava o repórter com um dossiê que interessava para seus negócios.

O jornalista levava a matéria à direção, e, com a repercussão da denúncia, ganhava status profissional.

Com esse status ele ganhava liberdade para novas denúncias. E aí passava a entrar no mundo de interesses do lobista.

O caso mais exemplar ocorreu na própria *Veja*, com o lobista APS (Alexandre Paes Santos).

APS e sua agenda: achaque na Saúde foi contra Andreas Strakos, presidente no Brasil do laboratório Novartis

Durante muito tempo abasteceu a revista com escândalos. Tempos depois, a Polícia Federal deu uma batida em seu escritório e apreendeu uma agenda com telefones de muitos políticos. Resultou em uma capa escandalosa na própria, *Veja* em 24 *de janeiro de 2001*, em que acusavam desde assessores do Ministro da Saúde José Serra de tentar achacar o presidente da Novartis, até o banqueiro Daniel Dantas e o empresário Nelson Tanure de atuarem através do lobista.

Na edição seguinte, todos os envolvidos na capa enviaram cartas negando os episódios mencionados. Foram publicadas sem que fossem contestadas.

O que a matéria deixou de relatar é que, na agenda do lobista, aparecia o nome de uma editora da revista - a mesma que publicara as maiores denúncias fornecidas por ele. A informação acabou vazando através do Correio Braziliense, em matéria dos repórteres Ugo Brafa e Ricardo Leopoldo.

A editora foi demitida no dia 9 *de novembro*, mas só após o escândalo ter se tornado público.

Antes disso, *em 27 de junho de 2001, Veja* publicou uma capa com a transcrição de grampos envolvendo Nelson Tanure. Um dos "grampeados" era o jornalista Ricardo Boechat. O grampo chegou à revista através de lobistas e custou o emprego de Boechat, apesar de não ter revelado nenhuma irregularidade de sua parte.

Graças ao escândalo, o editor responsável pela matéria ganhou prestígio profissional na editora e foi nomeado diretor da revista Exame. Tempos depois foi afastado, após a Abril ter descoberto que a revista passou a ser utilizada para notas que não seguiam critérios estritamente jornalísticos.

Um dos boxes da matéria falava sobre as relações entre jornalismo e judiciário.

Reportagem combinada em O Globo *(à esq.)* foi usada para reforçar a ação judicial com que os fundos de pensão tentavam barrar o Opportunity

O boxe refletia, com exatidão, as relações que, anos depois, juntariam Dantas e a revista, sob nova direção: notas plantadas servindo como ferramenta para guerras empresariais, policiais e disputas jurídicas.

Os interesses políticos

Imbricado com os interesses comerciais entram os interesses políticos, que, no caso da mídia, se tornam particularmente exacerbados em períodos de mudanças de padrão tecnológico, que colocam em risco a supremacia dos grupos de mídia no mercado de opinião.

Foi assim nos anos 20, com o advento do rádio; no início dos anos 50, com as tentativas de criação de grupos concorrentes; no fim dos anos 50, com as disputas em torno da televisão; no início dos anos 90, com o advento da TV a cabo; e nos anos 2.000, com a consolidação da Internet.

O velho modelo entrava em crise, deixava as empresas em dificuldades crescentes ao mesmo tempo em que nascia uma nova tecnologia potencialmente capaz de abalar a anterior.

Esse quadro de instabilidade levava à exacerbação do ativismo dos grupos de mídia, que passavam a apostar todas as fichas no seu poder de cooptar ou desestabilizar politicamente governos, para garantir – via política – o controle sobre o novo mundo que se prenunciava.

Santos Vahlis, hoje em dia, é mais conhecido pelos edifícios que deixou no Rio de Janeiro e pelas festas que proporcionou nos anos 50. Foi um dos grandes construtores do bairro de Copacabana.

Venezuelano, mudou-se para o Brasil, trabalhou com importação de gasolina e tentou se engatar nas concessões de refinarias no governo Dutra. Foi derrotado pela maior influência dos grupos cariocas já estabelecidos.

Provavelmente graças ao fato de ser bom cliente dos jornais, com seus anúncios imobiliários, tinha uma coluna no Correio da Manhã, cujo *ghost writer* era o grande Franklin de Oliveira.

Tentou adquirir o jornal "A Noite" para fortalecer a imprensa pró-Jango. Foi atropelado pelo pessoal do IBAD (Instituto Brasileiro de Ação Democrática) que, em vez de comprar o jornal, comprou sua opinião por Cr$ 5 milhões. A CPI que investigou a transação, aliás, teve como integrante o deputado Rubens Paiva, mais tarde preso, torturado e assassinado pela ditadura militar.

Por sua atuação, Vahlis sofreu ataques de toda ordem. Contra ele, levantaram a história de que teria feito uma naturalização ilegal, aliás a mesma versão utilizada para tentar bloquear a ascensão de Samuel Wainer. Em 1961, em pleno inverno, foi preso e jogado nu em uma cela de cadeia, a ponto do detetive que o prendeu temer por sua vida.

Como era possível a perseguição dos IPMs (Inquéritos Policial Militares), de delegados e do Ministério Público, contra aliados do próprio governo?

No mesmo período, Samuel Wainer sofreu perseguição implacável por pretender, com a aquisição da editora Erika e a criação da Última Hora, entrar no mercado de mídia.

No fim da década, Wallace Simonsen tentou entrar no mercado de televisão, com a criação da TV Excelsior. Foi esmagado pelo golpe de 1964.

Em fins dos anos 80, a TV a cabo começa a ser implantada, colocando a primeira brecha no cartel da televisão aberta. José Sarney cedeu às pressões dos grupos de mídia e cobriu-os de favores. Manteve-se no cargo apesar da notável falta de rumo político e econômico.

Em vez de ceder às pressões dos grupos de mídia, Fernando Collor tentou estimular uma nova rede de TV aliada, a CNT. Foi alvo de uma campanha implacável que o derrubou em pouco tempo.

Para entender o que ocorreu nos últimos anos com os grupos de mídia nacionais, é preciso um breve mergulho na história recente das democracias ocidentais, no advento da Internet e das redes sociais e na crise global do setor.

É o que se pretende nesse livro. Não se trata de uma historiografia, mas apenas de um fio condutor para levantar as características dos grupos de mídia, seu poder de coerção e suas motivações e entender o que se passou com a mídia brasileira na última década.

A fraude do século

A democracia representativa e a imprensa

A democracia representativa foi uma construção em cima de alguns princípios centrais.

Os países democráticos passam a ser governados por três poderes.

Ao Executivo cabe a condução das políticas públicas, da diplomacia, da segurança nacional.

Ao Legislativo, a formulação e aprovação de leis e o aval ou veto às decisões do Executivo.

Ao Judiciário, a interpretação e aplicação das leis.

As relações entre os poderes ficam sujeitas a um sistema de freios e contrapesos, com os diversos poderes limitando mutuamente seus respectivos espaços. Na base de todos eles consolidou-se o conceito fundador de que todo poder emana do povo e em seu nome será exercido.

Cabe ao povo, através do voto, a eleição dos seus representantes no Poder Executivo, Legislativo e em muitos cargos do Judiciário. E ao Presidente da República – a expressão máxima do voto - a nomeação para diversos cargos-chave dos demais poderes, como os Ministros do Supremo, o Procurador Geral da República, o diretor geral da Polícia Federal.

Para exercer essa função – de eleger os governantes –, a Constituição norte-americana garantiu ao cidadão, como peças centrais, o direito à informação e a liberdade de expressão. Para que esses direitos pudessem ser exercidos na prática, definiu como meio a imprensa, na época representada por jornais regionais e uns poucos jornais nacionais.

Caberia a ela buscar a informação, oferecê-la de forma organizada ao cidadão comum em um ambiente competitivo, dar voz às manifestações sociais e ser a representante de fato do que se denominou "a opinião pública".

A competição entre os veículos permitiria refletir a diversidade de opinião e, a partir dessa competição, formar-se-iam consensos que desembocariam nas eleições dos candidatos a cargos majoritários e ao Parlamento.

Antes mesmo da revolução norte-americana, no entanto, o advento da mídia já trazia no seu bojo distorções reportadas por vários historiadores, dramaturgos e intelectuais.

As denúncias sobre a busca do sensacionalismo, o uso da informação para fins comerciais *ou* jogadas econômicas, o assassinato de reputações e outros abusos inerentes à nova forma de comunicação, acompanharam a imprensa desde o seu nascimento.

As revoluções tecnológicas seguintes trouxeram um novo componente: a concentração de poder, a oligopolização em termos nacionais e, depois, globalmente. E, aí, o equilíbrio democrático viu-se ameaçado.

Depois da invenção da impressora, a nova era tecnológica foi inaugurada com a invenção do telégrafo sem fio.

Como muitas outras invenções que se seguiram, tornou-se concessão pública assegurando o monopólio à Western Telegraph.

Com o telégrafo sem fio nasceu a primeira agência de notícias – a Associated Press. E com ela, a primeira interferência notável dos grupos de mídia nos processos eleitorais.

Em cada localidade, o jornal com acesso à agência ganhava vantagens nítidas sobre seu concorrente, na medida em que dispunha de farto noticiário nacional, cultural, entre outros temas, mediante o pagamento de uma assinatura.

O resultado foi a homogeneização do noticiário, da política e dos valores, conferindo enorme poder político aos controladores da AP.

A primeira exibição de força ocorreu nas eleições presidenciais de 1877.

Principal acionista da Western, William Smith aliou-se ao The New York Times para apoiar o candidato republicano Rutherford Hayes. Apoiou nas prévias do partido e, depois, nas eleições nacionais.

Inicialmente, o jogo consistia em apresentar Hayes como competente e atacar a reputação dos adversários.

Depois, partiu-se para a fraude.

As pesquisas eleitorais previam a vitória do democrata Samuel Tiden por cerca de 200 mil votos. Graças ao controle das informações, a AP constatou que havia muitas dúvidas dos democratas sobre os resultados em alguns estados do sul.

Os republicanos foram informados e concentraram por lá um enorme esquema de corrupção política, que acabou elegendo Hayes. O episódio foi retratado em um livro de autoria de Roy Morris Jr com o título de "A Fraude do Século"[1].

Pouco mais de cem anos depois, esse expediente seria repetido no Brasil, com o episódio Proconsult.

O caso Tiden foi a grande estreia dos grupos de mídia no recém-criado mercado nacional de opinião, mas apenas um ensaio do que seriam as décadas seguintes.

---

[1] (Morris Jr, 2004)

Os barões ladrões e o jornalismo marrom

O apogeu da imprensa escrita aconteceu no período de 1890 a 1920. Surgiram aí os chamados "barões da mídia", ou "barões ladrões", como eram alcunhados, especialmente os norte-americanos William Randolph Hearst e Joseph Pulitzer. Eles definiriam os dois padrões que dominariam o estilo dos grupos de mídia no século.

Ambos controlavam ferreamente o trabalho de seus jornalistas, enquadrando-os na linha definida por eles. Mas cada qual tinha uma estratégia de negócio.

Pulitzer praticava o chamado jornalismo de opinião, buscando público qualificado e formas de interferir nos centros de poder.

Foi autor de máximas:

> "Para se tornar influente, um jornal tem que ter convicções, tem que algumas vezes corajosamente ir contra a opinião do público do qual ele depende".

> "Acima do conhecimento, acima das notícias, acima da inteligência, o coração e a alma do jornal residem em sua coragem, em sua integridade, sua humanidade, sua simpatia pelos oprimidos, sua independência, sua devoção ao bem-estar público, sua ansiedade em servir à sociedade".

E a mais conhecida delas:

> "Com o tempo, uma imprensa cínica, mercenária, demagógica e corrupta formará um público tão vil como ela mesma".

Já Hearst abria mão de qualquer escrúpulo e tratava as informações como ferramentas de negócios.

A partir do seu trabalho se consolida o termo "imprensa marrom", definindo um estilo que derrubaria de vez os limites entre os fatos e a ficção, o respeito aos direitos individuais e das minorias.

Os repórteres saiam das redações com a incumbência de trazer fatos que se adaptassem à pauta pré-definida. Se não encontrassem, que inventassem. Contra adversários tudo era permitido, da distorção mais primária à calúnia mais clamorosa. A favor dos aliados, da blindagem mais despudorada aos elogios mais inverossímeis.

No Brasil pré-televisão, Pullitzer serviu de inspiração para os Mesquita, de O Estado de S. Paulo; Hearst para Assis Chateaubriand, dos Diários Associados.

No Brasil pós anos 2.000, Hearst tornou-se a referência maior, através de seu mais notável seguidor: o australiano Rupert Murdoch servindo de inspiração para os quatro grandes grupos de mídia nacionais, conforme se poderá conferir ao longo deste livro.

O livro dos insultos

Diferentes no estilo e no público alcançado, os objetivos finais da imprensa marrom e da imprensa tida como séria eram os mesmos – todos subordinados aos interesses de seus controladores. Apenas os métodos variavam. E a parte mais podre do jornalismo – na opinião de alguns autores da época – não era definitivamente os jornais sensacionalistas, mas aqueles que atuavam diretamente junto aos centros de poder, o que se convencionou chamar de o quarto poder, a imprensa de opinião.

Em seu *O Livro dos Insultos*, o notável cronista H. L. Mencken descrevia assim a imprensa norte-americana dos anos 20 (Mencken, 1984)[2].

> *"Muita conversa é jogada fora sobre a suposta diferença entre a imprensa marrom e a mais respeitável. A diferença é precisamente a mesma entre um contrabandista e o superintendente de uma escola dominical, ou seja, nenhuma. Honestamente acho até, baseado em vinte anos de íntima observação e incessante reflexão, que a vantagem, se existe, está do lado dos jornais marrons".*
>
> *"Tirando um dia pelo outro, são provavelmente menos malignamente mentirosos. As coisas sobre as quais mentem não costumam ter a menor importância — pedidos de divórcio, pequenos subornos, fofocas sociais, intimidades das vedetes".*
>
> *"(...) Mas no domínio da política, do governo e das altas finanças, os marrons chegam às vezes mais perto da verdade do que os jornais mais austeros, 90% dos quais são de propriedade de homens envolvidos em alguma espécie de exploração dos trouxas".*

Exemplo claro foi a maneira como os impérios de Hearst e Pullitzer atuaram a serviço de grupos norte-americanos com negócios em Cuba. Havia interesse no açúcar, tabaco e na siderurgia de Cuba, e propriedades avaliadas em cerca de US$ 1,2 bilhão (em dólares de hoje).

---

[2] (Mencken, 1984)

Para induzir o governo norte-americano a avançar sobre as possessões espanholas no continente, os jornais de Pullitzer e Hearst trataram de fabricar o fantasma do inimigo externo[3].

Explodiu uma pequena rebelião em Cuba. Nos meses seguintes, os jornais de Hearst e Pullitzer passaram a denunciar canibalismo e tortura promovidos pelos espanhóis.

Um dos correspondentes enviados por Hearst, Frederic Sackrinder Remington, figura notável da época, pintor, ilustrador, escultor e escritor, mandou uma mensagem ao cappo informando nada ter encontrado em Cuba.

A resposta de Hearst foi clássica:

– Por favor, permaneça aí e forneça as imagens, que eu vou fornecer a guerra[4].

Pressionado pela mídia, o presidente William McKinley acabou cedendo, enviando ao porto de Havana o navio de guerra USS Maine. O navio explodiu em 15 de fevereiro de 1898, matando 266 pessoas. Sem aguardar a análise das razões da explosão, a imprensa norte-americana acusou a Espanha de atentado, conseguindo a deflagração da guerra[5].

Esse padrão se repetiria ao longo de todo o século.

---

[3] (História, 2015)/
[4] (Collection)/
[5] https://collections.vam.ac.uk/item/O108092cuba-in-war-time-by-poster-remington-frederic/

As novas tecnologias

Naqueles anos 20, a radicalização da imprensa escrita estava diretamente ligada ao aparecimento de novas tecnologias da informação. Iniciava-se a era do rádio.

Mas o padrão se repetiria dali em diante[6].

Grupos de mídia consolidavam-se na tecnologia vigente, ganhando expressão política. Cada nova tecnologia produzia um terremoto no setor, abrindo espaço para novos grupos sociais e políticos e, especialmente, para novos protagonistas midiáticos.

Os grupos hegemônicos se organizavam e valiam-se do prestígio político para tentar firmar pé na etapa seguinte. Alguns desapareciam pelo caminho. Outros completavam a transição e assumiam a liderança da nova etapa.

Foi assim com o início do rádio.

No lançamento, o padrão eram as rádios comunitárias de baixo alcance. A nova tecnologia trazia sonhos similares aos atuais, com as redes sociais. Com pequeno investimento, qualquer um poderia abrir a sua rádio. A febre inicial levou universidades, igrejas, rádio clubes, jornais, o próprio Exército e a Marinha, a abrirem sua rádio. Surgiram rádios especializadas em jazz[7].

Era tanta variedade que uma das emissoras mais populares de Nova York era uma espécie de Yahoo da época: sua programação consistia em divulgar as novidades que surgiram nas diversas pequenas rádios inauguradas.

Em 1920, conseguir uma licença de rádio era tarefa descomplicada e sem custo algum.

Havia a necessidade de disciplinar o uso do espaço público, sim. Mas na hora de definir a divisão do espaço, a opção escolhida foi a de restringir totalmente o espaço para poucos grupos.

> *"A FRC teve a opção de apoiar muitas estações de menor porte ou poucas de maior porte. Havia espaço para bandas de transmissão de todas as escolas de pensamento, se os direitos de difusão fossem*

---

[6] (Wu)
[7] Wu, posição 710

confinados a localidades e transmissores de baixa voltagem. Era simplesmente uma questão de como se dividiria o éter".

Observou Tim Wu, autor do monumental *Impérios da Comunicação.*

A avanço da telefonia permitiu a montagem das redes de transmissão.

Inicialmente, a ATT – detentora do monopólio nacional da telefonia - montou uma rede própria de 16 emissoras, o mesmo produto sendo transmitido para 16 públicos diferentes, trazendo uma notável economia de escala.

A utilidade política ficaria clara quando os presidentes norte-americanos puderam ter seus discursos transmitidos por todo o país em tempo real. Quem estreou foi Calvin Coolidge. O auge foram as "conversas ao pé do fogo", de Franklin Delano Roosevelt, com as quais enfrentou o bombardeio da imprensa escrita.

Em seguida, veio a rede NBC, lançando os primeiros programas e ações patrocinados em rede, inaugurando com A&P Gypsies e Eveready Hour a fórmula que passou a dominar, dali por diante, a indústria do entretenimento e os grupos de mídia. Os financiadores da mídia passam a ser os grandes anunciantes nacionais, voltados ou não para o mercado de consumo. E os avalistas das concessões públicas, os governos nacionais.

A estreia de Eveready Hour foi em 1924, patrocinado pela Companhia Nacional de Carbono.

As empresas descobrem o marketing e o marketing descobre nos grupos de mídia seus veículos preferenciais.

Tudo passa a ser tratado como mercado – do mercado de consumo ao de opinião. E os grupos de mídia tornaram-se instrumentos de venda de produtos de consumo, de construção ou destruição de marcas e de venda ou desconstrução de ideias para influenciar decisões de governo, de políticos e de magistrados. Ajudam a construir (ou destruir) a imagem de produtos e a reputação de políticos e, principalmente, a utilizar o poder extraordinário da notícia para seus interesses comerciais. A política tornou-se, dali para frente, seu território preferencial de atuação.

Gradativamente, os novos veículos vão definindo seu formato padrão.

Desde a histórica luta de Jack Dempsey e George Carpentier, no início dos anos 20, os eventos esportivos ocupam lugar central na programação.

Junto com eles, vieram os programas de auditório. A partir dos anos 50, a segmentação etária, com programas infantis, juvenis e adultos. Depois, a grade, atrações diárias, repetitivas, visando criar o hábito da audiência. Na fase inicial, desenhos, teatros, novelas. E, como produto nobre e arma política, os telejornais diários sustentados pela audiência da grade de programação e incumbidos de fornecer a munição para as estratégias comerciais e políticas dos grupos.

A partir daí o mercado de consumo – de produtos e de opinião – ganha nova dinâmica.

As redes de TVs abertas criaram um mercado nacional para produtos e ideias ampliando o alcance das redes de rádios. A publicidade provinha de produtos de alcance nacional, justamente os de consumo produzidos por grandes grupos econômicos, mas não apenas eles.

O poder de influenciar o consumo em breve chegou ao mercado de opinião, com os vitoriosos da nova etapa tecnológica tornando-se os novos donos da opinião, montados em concessões públicas que impediam a entrada de novos concorrentes.

Essa parceria – grandes empresas, agências, governo e grupos de mídia – esculpe o que seria conhecido, no século 20, como "american way of life", peça central da sociedade norte-americana, tanto nos hábitos de consumo como na massificação de ideias e conceitos.

O marketing passa a ocupar um espaço cada vez maior nas vendas, na diplomacia e na política, criando um mundo mitológico, glamoroso – ajudado pelo fascínio da indústria do entretenimento de Hollywood.

As agências de publicidade desenham o mundo de sonho e fantasia que inebria a classe média, criando verdades, disseminando mentiras, construindo desejos, modelando um novo modo de vida e se tornando a maior alavanca de vendas do século. Ao lado do cinema, os grupos de mídia são os grandes veículos propagadores do modelo através de seus jornais, revistas e emissoras de rádio e TV.

Quando a globalização explode e as multinacionais norte-americanas saem à conquista do mundo, levam consigo o novo modelo, sua agência de publicidade e seu escritório de advocacia para cada país.

As agências de publicidade ajudam não apenas a homogeneizar o mercado de consumo da classe média incluída, como tornam-se as grandes financiadoras da mídia local e, através dela, ganham relevância imediata no mercado de opinião.

A expansão do capitalismo internacional, na sua versão norte-americana, se dá, portanto, em torno de duas redes transnacionais.

A primeira, a do mercado financeiro e do circuito do grande capital.

A segunda, a da mídia.

Nesse processo, a democracia sempre foi o modelo predileto – e não apenas por suas vantagens sobre os demais –, mas por permitir a influência direta sobre a opinião pública dos países periféricos através da enorme rede de comunicação montada a partir dos grupos de mídia e da indústria do entretenimento norte-americanos e das parcerias com os grupos nacionais.

É a parceria com seus congêneres emergentes que garantirá a pressão sobre os governos nacionais, a venda das virtudes da internacionalização, a pressão política em defesa dos interesses corporativos contra o Estado-nação – porque atuando diretamente sobre os mercados de opinião nacionais – em alguns casos modernizando hábitos, costumes e negócios; na maior parte das vezes, mantendo a relação de dominação econômica e cultural.

Voltemos ao introdutor do jornalismo marrom. Nos anos 40, Hearst possuía 25 jornais diários, 24 revistas semanais, 12 estações de rádio, 2 agências de notícias internacionais, uma agência especializada em filmes, e, em 1948, adquiriu a WBAL-TV em Baltimore, uma das primeiras emissoras norte-americanas.

A concentração de capital e a expansão das multinacionais norte-americanas pelo mundo trariam um componente novo, a internacionalização dos grupos de mídia e suas parcerias com a mídia dos países emergentes, conforme se verá a seguir.

Globalização da mídia

Expansão capitalista e mídia

> Quando o domínio norte-americano se estende pelo mundo, após a Segunda Guerra, no rastro das multinacionais vão os grupos de mídia.

As redes de TV dos EUA planejam sua expansão

O avanço das telecomunicações e o desenvolvimento do micro-ondas abriram novas perspectivas para as redes de TV norte-americanas. Em fins dos anos 40, elas começaram a planejar sua expansão internacional, de olho na América Latina.

Coube a Henry Luce, fundador e mentor do grupo Time-Life a grande revolução do período, que o tornou o norte-americano mais influente de sua época. Ele praticamente criou o conceito de editora de revistas, posteriormente seguida por grupos nacionais como a Manchete até desembocar na Editora Abril e no Globo.

Antes da TV, Luce se consagrara com um conjunto de revistas campeãs, a Time (que se tornaria o modelo das revistas semanais de informação, espelho da futura *Veja*), a Life (copiada pela Manchete), a Fortune (de negócios) e a Sports Illustred, servindo de modelo para os novos grupos editoriais.

Por aqui, nos anos 40, dois grupos tentaram desenvolver modelos similares: a Erika, uma editora de Horácio de Carvalho, mas bancada por Walther Moreira Salles, cujo carro chefe era a revista A Sombra; e o Globo, de Roberto Marinho, com sua Rio Magazine.

O lançamento da revista Time foi um divisor de águas na imprensa mundial, dando um novo status às revistas semanais, uma influência política sobre a opinião pública equiparável à dos grandes diários e inspirando similares em todos os países, muitos deles tendo a própria Time-Life como sócia.

O estilo Time consistia em organizar o universo (já abundante) das notícias diárias em uma periodicidade mais cômoda para o leitor — a semanal -, selecionando um universo restrito de temas, mas embalando-os de forma agradável e com sua própria visão de mundo, com um texto eminentemente opinativo que fosse compreendido pelo leitor mediano. Para obter esse alcance, havia uma simplificação de toda ordem, especialmente em cima de temas complexos.

Para conferir credibilidade ao texto, o estilo contemplava um largo descritivo, criando diálogos imaginários, mas verossímeis, descrevendo detalhes de ambientes, passando a ideia da "onipresença" e "onisciência". Tipo: "Salvador Allende entrou sozinho no salão do Palácio La Moneda, olhou longamente a multidão pela janela, foi para um canto, tirou a espingarda, e, com o olhar grave, encaixou-a debaixo do queixo, aguardou alguns segundos e apertou o gatilho".

Luce também inovou no modelo de negócios, ao criar uma nova empresa de venda em catálogo que se valia da grande penetração das revistas. Tinha o perfil dos donos de mídia criados pelo novo modelo, fundamentalmente comerciantes com visão de produto.

Quando começou a era da televisão, promoveu uma transição bem-sucedida para a nova mídia tornando-se o primeiro grupo a juntar todas as formas de comunicação em um mesmo conglomerado, batizado de Time-Life Broadcast Inc.

Nos anos 50, junto com as redes NBC, CBS e ABC, a Time-Life saiu à caça de parceiros internacionais, preferencialmente latino-americanos.

Em outubro de 1964, em um seminário do Hudson Institute, um dos principais executivos da Time Life explicou a fórmula de expansão das redes norte-americanas[8]:

1. Ter posição minoritária nos países da América Latina, devido às leis dos respectivos países sobre telecomunicações.

2. Ter sócios locais, e "eles têm provado ser dignos de confiança".

3. A programação diurna da TV será importante para o êxito comercial e poderosamente eficaz e popular.

Ao mesmo tempo, propunha uma parceria com o governo norte-americano, "como um meio de atingir o povo do continente".

Um pouco antes, apontara sua mira para o Brasil.

---
[8] (Herz, 1991), 125

O mercado de mídia no Brasil

Em 1928, quando o Brasil começou a se urbanizar e a lançar as bases de um mercado de consumo mais robusto, chegaram as primeiras agências de publicidade internacionais, com a Ayer and Son representando a Ford. Logo depois, vieram a J.W.Thompson e a McCan Erickson ao mesmo tempo em que o modelo norte-americano de concessão de rádios começava a ser implantado no país.[9]

O ecossistema dos grupos de comunicação norte-americano com seus jornais, filmes e rádios começava a ensaiar a internacionalização, de mãos dadas com as grandes multinacionais do país:

1. A rede afiliada.
2. As agências de notícias.
3. As agências de publicidade, sendo o elo de ligação com os patrocinadores.
4. O Departamento de Estado, conforme se verificou na Missão Rockefeller, na Segunda Guerra.

Em 1931, logo após a revolução que levou Getúlio Vargas ao poder, definiu-se a radiodifusão brasileira, no modelo de concessão em caráter precário, outorgada pelo Executivo para entidades públicas e privadas.

---
[9] (Herz, 1991)

Nos anos 40, o esforço de guerra norte-americano incluiu decididamente a parceria com a indústria da comunicação. Jornais aliados ganhavam cotas de papel, mas, principalmente, o conteúdo das agências puxado pelo fascínio de Hollywood[10].

Criado e comandado por Nelson Rockefeller, o Escritório do Coordenador de Assuntos Interamericanos (CIAA) foi um exemplo clássico da geopolítica das grandes corporações norte-americanas.

No Brasil, tinha a retaguarda da embaixada americana no Rio de Janeiro e o suporte de Comitê de Coordenação composto por empresários, dentre os quais representantes da General Eletric, Standard Oil, Metro Goldwin Mayer, Light and Power Co., The National City Bank of New York. O comitê tinha agências em São Paulo, Belo Horizonte, Porto Alegre, Belém, Fortaleza, Natal, Recife, Salvador, Curitiba e Florianópolis.

Suas ligações iam desde os cafeicultores até intelectuais.

A Divisão de Informação, atuava com as seções de imprensa, rádio, filmes, análise de opinião pública e ciência/educação.

Na parte de Imprensa, por exemplo, a CIAA negociou com as agências United Press e Associated Press para que promovessem notícias da América Latina nos EUA, e notícias favoráveis aos EUA para serem distribuídas no continente. A distribuição chegava a 422 publicações brasileiras. Promoveu também o intercâmbio de editores e jornalistas dos dois países. Importante: facilitava licenças de exportação de papel dos EUA para os jornais aliados.

No cinema, atuou para que Hollywood produzisse filmes com temas que interessavam a América Latina, organizou turnês de astros e estrelas (como Bing Crosby) e diretores (John Ford e Orson Welles), além da visita de Walt Disney. No contrafluxo, foi responsável pela ida de Carmen Miranda e Ary Barroso aos EUA. E foi através dela que Disney foi convencido a criar tipos que salientasse a solidariedade pan-americana, como o Zé Carioca, e a realização de filmes com esse fim, como "Alô, Amigos".

Chegou a ajudar na elaboração de 122 filmes em português. Alguns com a colaboração do DIP (Departamento de Imprensa e Propaganda). Entre as propostas rejeitadas, um projeto de um

---
[10] (Moura, 2012)

ítalo-americano de nome Roberto Civita, sobre quem se falará bastante neste livro (Moura, 2012).

Todo o aparato tecnológico dos grupos de mídia, cinema, indústria fonográfica, agências de publicidade foram canalizados para o Brasil, de tal maneira que se tornaram-se praticamente o único sistema de financiamento das empresas jornalísticas, editoras, emissoras de rádio e da nascente televisão, substituindo a máquina do governo.

No início dos anos 50, a imprensa brasileira de opinião resumia-se aos Diários Associados, de Assis Chateaubriand, com sua enorme rede de jornais regionais, o Estado de São Paulo da família Mesquita e, no Rio, um conjunto de diários, entre os quais O Globo, Jornal do Brasil, Correio da Manhã, Diário Carioca e alguns veículos regionais.

Entre as rádios, havia rede Tupi, a Globo, Jornal do Brasil, Mayrink Veiga e a estatal Nacional no Rio; em São Paulo o sistema Record, da família Machado de Carvalho; e os Associados espalhando-se por diversas capitais.

Inaugurada em janeiro de 1951, por Assis Chateaubriand, rapidamente a televisão avançou sobre o bolo publicitário. Naquele ano, o meio rádio detinha 24% dos investimentos em publicidade. Em 1960 sua participação caiu para 14% enquanto o novíssimo meio televisão já dominava 9% do mercado publicitário, apesar do país possuir apenas um milhão de aparelhos receptores contra 6 milhões de rádios.

Os Associados foram os primeiros a inaugurar um canal de televisão. Seguiram-se a TV Paulista canal 5, em março 1952, e a TV Record Canal 7 em setembro de 1953.

Direta ou indiretamente, Luce tornou-se o fator de desequilíbrio, principal inspirador dos dois grupos empresariais que acabariam modernizando e dominando a mídia brasileira nas décadas seguintes: as Organizações Globo e a Editora Abril.

Na época, Marinho havia sido procurado pela NBC (National Broadcasting Corporation) e pela Time-Life. A sócia escolhida foi a Time-Life devido à transição vitoriosa para a televisão.

O ponto de aproximação foi a diplomata Clare Booth Luce, que se tornou figura permanente nas manchetes lisonjeiras de O Globo. Clare era esposa de Henry Luce. Escritora de sucesso, foi a primeira mulher indicada para cargos relevantes na diplomacia norte-americana.

No período em que Clare foi embaixadora na Itália, houve o lançamento do Panorama, do Time-Life em sociedade com um grupo Mondatori.

O grupo se internacionalizou empunhando a bandeira do anticomunismo e de alianças com algumas das mais corruptas ditaduras do mundo – a mais ostensiva foi a parceria com o casal Chiang Kai-shek, o ditador da China pré-Mao, considerado na época o regime mais corrupto do planeta.

A mancha maior na biografia de Luce foi o apoio incondicional dado ao senador Eugene McCarhty em sua campanha infame contra políticos, artistas e intelectuais, no auge da Guerra Fria, no episódio que acabou levando seu nome, o macarthismo.

A partir de 1950, as disputas em torno da bomba atômica, a vitória de Mao Tse-Tung na China provocaram um frisson na opinião pública. Disto se prevaleceu McCarthy, até então um obscuro parlamentar de Winsconsin.

Começou acusando de comunista 205 funcionários do Departamento de Estado. Depois, mirou a artilharia sobre Hollywood. Assumiu o Subcomitê de Atividades Antiamericanas do Senado e conduziu sua campanha em dobradinha com J. Edgar Hoover, diretor do FBI.

Finalmente investiu contra o lendário General George Marshall, Prêmio Nobel da Paz em 1953.

Conseguiu tudo isso graças à blindagem recebida do grupo Time-Life, de Luce.

Sua louca aventura terminou em 21 de dezembro de 1954, quando foi destituído do cargo pelo Senado.

Nomeada embaixadora do Brasil, Clare não chegou a assumir devido a problemas nos EUA justamente devido às amizades chinesas. Mas serviu de ponte para a sociedade com Roberto Marinho, firmada em 1961. Apenas após 1964 o contrato pôde ser plenamente realizado, contornando os obstáculos legais.

Algum tempo antes, em 1959, Roberto Marinho conseguiu importar equipamentos para a rádio Globo por um câmbio especial, com o dólar a um terço do dólar oficial.

A parceria definitiva foi com o grupo Time-Life, que injetou quantia considerável no Globo, algo em torno de US$ 5 milhões da época. Com esses recursos, mais uma série de privilégios – como a importação de equipamentos sem pagamento de impostos e com câmbio especial –, a Globo logrou contratar as melhores atrações dos concorrentes.

Além disso, representantes da Time passaram o know-how da programação, da comercialização, as séries-novela que fidelizavam o público diariamente, o modelo dos grandes eventos.

Em *A história secreta da Globo* (Herz, 1991)[11], o autor levantava:

"Menos de um mês depois de constituída a TV Globo Ltda., e uma semana depois de receber US$ 1,5 milhões de dólares de Time-Life Inc., Roberto Marinho assinou com o grupo norte--americano o contrato chamado Principal (Cf. Anexo 4).

Por esse contrato, a TV Globo se comprometia a adquirir e instalar todo o equipamento de transmissão de televisão e completar a construção do prédio para o estúdio no terreno na Rua Von Martius.

A construção desse prédio deveria estar concluída até 1º de julho 1963 e até 1º de outubro do mesmo ano a estação deveria estar operando. A Time-Life Broadcast International Inc.

Comprometia-se a oferecer treinamento especializado na área de televisão, troca de informações sobre direção administrativa e comercial, assessoramento de engenharia e orientação para a aquisição de filmes e programas produzidos no estrangeiro.

Além disso, a Time-Life comprometia-se a pagar à TV Globo uma quantia de até Cr$ 220 milhões, ou seja, uma parcela igual à realizada em bens por Roberto Marinho no capital social da TV Globo Ltda. Essa quantia seria "creditada à conta de Time a sociedade em conta de participação da qual TV Globo fará parte com todo o seu".

A sociedade ganhou velocidade após 1964.

No dia 18 de dezembro de 1965, João Batista Amaral, presidente da TV Rio, Canal 13, procurou a ABERT (Associação Brasileira das Empresas de Rádio e Televisão) para denunciar o avanço da Globo sobre as demais emissoras, alavancado pelo capital da Time-Life.

A grande articulação entre as grandes multinacionais norte-americanas, estimulada por Nelson Rockefeller, mostrou-se eficaz.

Investigações do senador João Calmon (dos Diários Associados) na época identificaram a presença da Standard Oil nas negociações com a Globo.

Ambas – Globo e Standard Oil – constituíram uma empresa, a Cobalub, com sede na empresa. Os sócios eram a Solutec, a Sicra e a Carioca. A Solutec era controlada pela Esso Brasileiro de Petróleo e a Carioca por pessoas ligados a O Globo. As sedes de ambas ficavam,

---

[11] (Herz, 1991)

respectivamente, no edifício Novo Mundo, sede da Esso, e na Rua Irineu Marinho, 35, sede de O Globo.

O grande apoio da Esso a Roberto Marinho foi transferir o Repórter Esso da rádio Nacional para a Rádio Globo (p.94, Globo). Na época, a Wordmark Encycloof The Nations, editada pela Worldmark Press Inc., classificou O Globo como "órgão conservador subsidiado pelos Estados Unidos".

Uma CPI proposta no Congresso condenou por unanimidade as negociações entre a Time-Life e a Globo.

Constatava:

> *A participação de Time-Life no negócio foi de quase dez vezes o patrimônio da Rede Globo. Esta participação, junto com a compra do prédio da Rede Globo e a posse de notas promissórias "com vencimento em aberto", determinaram um predomínio financeiro que levou à ingerência dos assessores de Time-Life sobre a empresa brasileira.*
> *A Rede Globo não suportaria os prejuízos de instalação de emissora – que até março de 1966 chegavam a Cr$4.090.067.182,00 sem o afluxo de dólares de Time-Life.*
>
> *A Rede Globo incluiu indevidamente entre seus bens registrados em balanço o edifício e as instalações já alienadas desde 11 de fevereirode 1965, procedimento este que evidencia irregularidades: "As contradições em que incidiu o senhor Roberto Marinho evidenciam a anormalidade das negociações encetadas com Time-Life. A infidelidade do balanço e dos balancetes encobre a situação econômica da TV Globo".*
>
> *A expansão do domínio de 'Time-Life' pôs em risco a própria segurança nacional, pois já se encontram sob controle, nas mesmas condições da TV Globo, os bens adquiridos pelo senhor Roberto Marinho à Organização Victor Costa, compreendendo entre outros, a TV Paulista e a TV Bauru.*

Antes do acordo com o grupo Time-Life, Roberto Marinho possuía a Rádio Globo. Depois, adquiriu a Rádio Eldorado no Rio de Janeiro e uma pequena estação em Petrópolis.

Depois das negociações, o grupo inaugurou a TV Globo no Rio de Janeiro e comprou em São Paulo a TV Nacional, a TV Paulista, Canal 5, a Rádio Nacional, a Excelsior, a TV Bauru; em Porto Alegre adquiriu uma estação de rádio; em Recife, mais cinco estações. E numa só penada recebeu autorização para instalar estações de rádio no Rio de Janeiro, São Paulo, Recife, Salvador, Belém, Belo Horizonte, Curitiba, Florianópolis, Fortaleza, Goiânia, João Pessoa, Maceió, Manaus, Brasília, São Luiz, Aracaju, Teresina, Vitória, Cuiabá, Porto Alegre, Ribeirão Preto, Uberaba, Campo Grande e Campina Grande (p. 126, Globo).

A parceria só foi interrompida em 1971, quando Marinho adquiriu a parte da Time-Life, com o sócio incomodado pela CPI e pelas restrições do governo brasileiro.

A compra final da parcela da Time-Life foi uma novela à parte. Marinho tinha sido sócio do banqueiro Walther Moreira Salles e do jornalista Arnon de Mello no Parque Lage. Quando Carlos Lacerda elegeu-se governador do Rio, mandou desapropriar o parque. Os três sócios ingressaram na justiça.

Quando Chagas Freitas foi eleito governador do então estado da Guanabara, Roberto Marinho apressou-se em negociar com ele a reintegração do parque, mas não avisou seus sócios. Pelo contrário, adquiriu a parte de Moreira Salles por valor irrisório, alegando que tinha caixa sobrando e queria apostar no parque a longo prazo.

Moreira Salles sentiu-se enganado e partiu à forra. Marinho precisava de US$ 5 milhões para quitar o empréstimo dado pelo grupo Time-Life. Não concedeu.

Mas Roberto Marinho agiu rápido e conseguiu um empréstimo com José Luiz de Magalhães Lins, que dirigia o Banco Nacional de seu tio Magalhães Pinto. Quitou o empréstimo e consolidou o controle da Globo.

O avanço da Abril na América Latina

Na área das revistas, Luce foi essencial também para alavancar os irmãos Civita – dois ítalo-americanos que aportaram no Brasil e Argentina, respectivamente, sem capital e com a intenção de explorar o mercado de revistas.

Consta que Civita tinha sido empregado do grupo Time-Life e chegou ao Brasil sem dispor de maiores capitais, enquanto um irmão ficava na Argentina. Receberam apoio de Walt Disney, tornando-se distribuidores de seus quadrinhos. Mas o modelo era a Time-Life.

Em pouco tempo, a Editora Abril, do Brasil, e o Editorial Abril, da Argentina, lançaram 19 títulos de revistas. Em 1966 a Abril lançou a revista Realidade, baseada na Life. Um ano depois, a Exame, baseada na Fortune. Em 1968, a *Veja*.

Na Argentina, seguindo a fórmula Time o carro-chefe tornou-se a revista Panorama – que ostentava na capa a parceria da Abril com a Time-Life. No Brasil, a revista *Veja*.

No final dos anos 60, com a doença de Assis Chateaubriand e a crise dos Associados, a Globo assumiu a liderança na TV aberta e a Abril a do mercado de revistas.

O mercado de opinião passou a ser dominado por ambos, mais alguns jornais tradicionais – como o Jornal do Brasil no Rio e o Estado de São Paulo. Nos anos 80, graças ao gênio de Otávio Frias de Oliveira, a Folha entrou nesse Olimpo, transformando-se no mais influente jornal brasileiro, mas longe dos modelos contemporâneos da Globo e da Abril.

No governo Figueiredo foram outorgadas 295 rádios AM, 229 FMs e 40 emissoras de televisão – 23,5%, 56,3% e 27,35% do total de emissoras existentes no país, a maior parcela outorgada a empresários e políticos ligados ao governo.

O caso Proconsult

A partir dos anos 70, a Globo passa a ser o grande fator de integração nacional do regime militar. O *Jornal Nacional* torna-se uma espécie de porta-voz do regime, difundindo a ideia do Brasil Grande.

Nas eleições de 1982, a Rede Globo reedita o feito da Associated Press em 1877.

Participei indiretamente do episódio.

Naquele ano, a Globo se propôs a apurar as eleições em tempo real em todo o Brasil. Montou uma. Em um período de votação manual, os mesários apuravam os votos e mandavam os mapas de votação para os Tribunais Regionais Eleitorais. Chegando lá, a Globo imediatamente alimentava seus computadores e divulgava os resultados parciais antes mesmo do TSE.

Em São Paulo, a Globo montou parceria com o Estadão.

Na época, eu era chefe de reportagem da Economia do *Jornal da Tarde*, o vespertino do Estadão. Diariamente, recebíamos três boletins de cada estado com os resultados de votos por legenda, divididos entre capital e interior.

Pouco antes, havia adquirido meu primeiro computador, um Dismac 8000, com sistema operacional CPM (que depois serviu de base para o DOS da Microsoft), armazenamento em gravadores convencionais. Ainda não existiam softwares, o que obrigava a conhecer a linguagem Basic para programá-lo.

Para conseguir algum diferencial em relação ao Estadão, montei um pequeno programa destinado a estimar a composição da Câmara de Deputados.

O programa fazia projeções simples em cima dos dados enviados através dos boletins da Globo: votos para Arena, MDB, e partidos menores, em branco, nulo e abstenção, subdivididos entre capital e interior. Projetava os resultados parciais de votação e, de acordo com as regras do TSE, estimava a composição das bancadas.

Nos primeiros dias, o resultado final era de uma bancada majoritariamente da Arena. À medida que os dias passavam, ia se reduzindo a vantagem da Arena. Apenas em São Paulo as projeções não se modificavam.

De repente, estoura o escândalo da Proconsult no Rio. César Maia analisa os mapas eleitorais, confronta com a apuração da Globo e constata que havia uma diferença grande em favor da Arena. Valeu-se da rádio Jornal do Brasil para espalhar a suspeita pelo país.

Assim que o JB deu a denúncia, tentei recuperar os boletins enviados pela Globo. Como já tinham sido destruídos, fui até o Departamento de Documentação do Estadão para consultar as edições de O Globo. E me deparei com a reportagem do jornal celebrando o fato da apuração da TV Globo, no segundo dia, ter batido integralmente com o do TSE.

Ora, no meu microcomputador desenvolvi um pequeno programa com algumas centenas de linha. Mas era óbvio que se dois sistemas apresentavam o mesmo resultado errado, só podia ser pelo fato de um ser cópia do outro. É probabilisticamente impossível que dois sistemas complexos contenham o mesmo erro de programação.

De fato, por aqueles dias já haviam detectado o modo de operação da fraude. No meio do sistema havia um algoritmo que reduzia a totalização de votos do MDB e ampliava a da Arena.

Fui atrás do diretor de sistemas do jornal e indaguei dele as razões da coincidência no erro. Ele tirou da sua gaveta uma papelada. Era a proposta da Globo para que o jornal utilizasse o sistema da Proconsult.

Disse-me que se informara sobre a empresa no mercado, não sentiu confiança e acabou solicitando para que, em São Paulo, o sistema fosse desenvolvido pela Gerdau-IBM.

Saí da reunião e imediatamente telefonei para Eurico Andrade, com quem trabalhara na Veja e que estava assessorando a campanha de Marcos Freire em Pernambuco. Ele me disse que já tinham se dado conta da jogada. E qual a razão? Desmobilizar a fiscalização do MDB e abrir espaço para a fraude. Durante a apuração, promoveriam a fraude em cima dos votos em branco. Na totalização, se não houvesse questionamento, prevaleceria o sistema Proconsult.

No Rio, graças a César Maia, a fraude não se consumou. No Rio Grande do Sul foi bem-sucedida. O MDB desmobilizou a fiscalização e o candidato Pedro Simon foi derrotado pelo candidato da Arena. Em algumas seções, surpreendeu o fato de não ter havido nenhum voto em branco.

É possível que, em muitos outros estados, a fraude também tenha sido bem-sucedida.

O Jornal do Brasil desapareceu com problemas de má gestão. E a entrada do Brasil na era da Internet se dá com a mídia tradicional sendo liderada pelo grupo dos 4: Globo, Abril, Folha e Estadão, nenhum deles chegando perto da abrangência e da influência conquistada pela Globo.

Por ora, deixemos de lado um pouco a história para um detalhamento maior sobre as formas de influência dos grupos de mídia no mercado de opinião.

O mercado de opinião

O mercado de opinião

Não se pode entender os conflitos entre mídia e política sem uma compreensão mais clara do funcionamento do mercado de opinião.

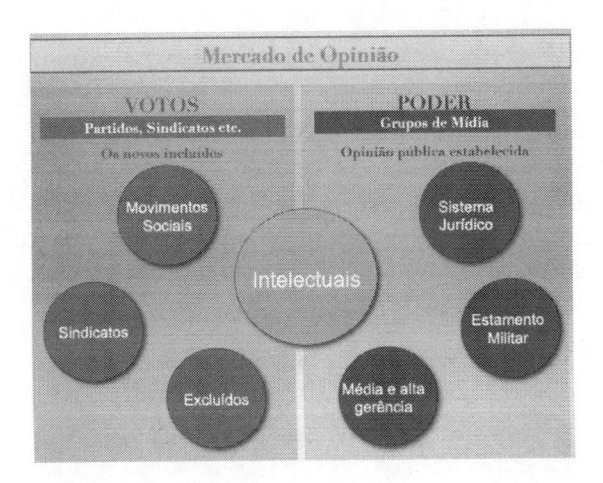

Mercado de Opinião

VOTOS — Partidos, Sindicatos etc. — Os novos incluídos
- Movimentos Sociais
- Sindicatos
- Excluídos

PODER — Grupos de Mídia — Opinião pública estabelecida
- Sistema Jurídico
- Estamento Militar
- Média e alta gerência

Intelectuais

Nele, há um conjunto de subgrupos influentes, como os da religião, dos partidos políticos e sua estrutura de diretórios, dos clubes de futebol, das associações empresariais e movimentos sociais.

Mas, grosso modo, todos esses subgrupos podem ser englobados em dois grupos maiores.

O primeiro é o mercado liderado pelos Grupos de Mídia.

Por definição, é um mercado que influencia preponderantemente os setores já estabelecidos que já passaram pela fase da inclusão, do emprego, da carreira, integrando-se aos estabelecidos da fase anterior à sua e tornando-se consumidores de ideias e produtos.

Esse grupo emula, em tudo, hábitos, costumes e ideias dos centros ancestrais de poder.

Por suas características, os subgrupos mais resistentes ao novo são os estamentos militar, jurídico, alta hierarquia pública e a alta e média classes médias – especialmente os que trabalham em grandes companhias hierarquizadas. E também a classe média profissional liberal, que depende de redes de relacionamentos.

Vivem em estruturas burocráticas, hierarquizadas, nas quais cumprem uma carreira, sujeitando-se a promoções ao longo de sua vida útil. Por isso mesmo a renovação se dá de forma muito lenta, proporcional à lentidão com que mudam os lugares nessas corporações. São os mais apegados ao *status quo*.

Uma das principais características desse grupo é a insegurança, o medo da perda do status ou da condição social ou profissional. Por essas características, da carreira e da ascensão social construída passo a passo, esses grupos são influenciados por movimentos de manada: querem pensar do mesmo modo que a maioria, e preservar o *status quo* do seu grupo (ou de suas chefias).

Podem ser denominados conceitualmente de "opinião pública midiática". Nesse grande caldeirão misturam-se subgrupos que detém o poder, capacidade de influenciar leis, julgamentos, de mandar prender e soltar.

Eles constituem e fornecem a base do poder dos grupos de mídia. Mas não representam a maioria nos votos.

O segundo grupo é o dos novos incluídos econômicos e dos incluídos políticos, mas que não têm posição de hegemonia nem acesso aos centros de poder. Entram aí sindicatos, organizações sociais, novos movimentos, enfim, a maioria da população – especialmente em países com grandes diferenças de renda.

Os canais de informação desse público são os sindicatos, organizações sociais, partidos políticos, movimentos de base, a Igreja do bairro, os vizinhos.

É um público que em alguns momentos detém os votos, mas não detém poder.

Em cada período de inclusão, o partido que entende as necessidades dos novos incluídos ganha as eleições. Foi assim nos EUA com o Partido Republicano no século XIX, com o Partido Democrata no século XX.

Processos de inclusão diminuem as diferenças de renda, ampliam a classe média e garantem a estabilidade política – porque a maioria se torna classe média.

Mas qualquer gesto em direção à inclusão sofre enormes resistências dos setores tradicionais, a classe média midiática, outrora chamada (com certo exagero) de "maioria silenciosa".

Não se trata apenas de insegurança, viés político, ideológico (no sentido mais amplo), mas de atraso mesmo, um atraso entranhado, anticivilizatório, que atinge não apenas os *hommers simpsons*, mas acadêmicos conservadores, magistrados, empresários sem visão. E, especialmente, os grupos de mídia.

Empresa Jornalística
- Jornalismo — Dramaturgia de notícia
- Marketing — Escandalização
- Entretenimento — Medos Ancestrais

Formas de auto-defesa
- Bens de status
- Espírito de manada
- Bens de opinião

Características do cidadão médio
- Medo do Imprevisível
- Instabilidade Social
- Instabilidade Econômica

Os do meio temem perder status; os de cima, temem perder poder. E esse medo das mudanças é uma fresta por onde são plantadas as sementes dos medos ancestrais e da intolerância, as grandes armas às quais recorre a mídia de todos os tempos, para se proteger das mudanças tecnológicas que acompanham as grandes ondas de inclusão e preservar a influência política angariada no período que se encerra.

O partido que entende os novos movimentos colhe leitor de baciada. E aos grupos que representam o velho, resta apelar para a instabilidade provocada pelas mudanças e pelos medos ancestrais do desconhecido.

As técnicas dos grupos de mídia

Tem-se aí, agora, as peças para entender o jogo da mídia.

Na base está o cidadão médio, com as características que se consolidaram desde o início das democracias e dos mercados de massa: o medo do imprevisível, da perda de status, da instabilidade econômica.

Para agarrar-se à sua classe social, recorre aos chamados bens de status, dentre os quais um dos mais requisitados são os bens de opinião. Essa fuga do isolamento atávico do cidadão democrata abre espaço para a exploração do espírito de manada, da tendência do cidadão médio de acompanhar a voz da maioria do seu meio.

É sobre esse universo que atuam os grupos de mídia. Mesmo antes do aparecimento das novas tecnologias, a notícia já era tratada como produto influenciado pelo entretenimento – dramaturgia, shows, espetáculos – e marketing (a capacidade de construir ou destruir marcas e pessoas).

A mescla das características de cada atividade fez com que, desde o princípio, explorassem a dramaturgia da notícia, a escandalização ou celebração e o espírito de manada.

Nas reuniões de pauta da *Veja*, ainda nos anos 70, o personagem mais mencionado era a "dona de casa de Bauru". Ou seja, qualquer matéria tinha que ser compreendida por ela. Na Rede Globo, o telespectador médio é chamado de "Homer Simpson".

Nos anos 20, Menken tratava esse personagem como o "homo boobus" ou "homem inferior":

> *O gigantesco desenvolvimento comercial destes jornais os obriga a atingir massas cada vez maiores de homens indiferenciados, e o de que a verdade é uma mercadoria que estas massas não podem ser induzidas a comprar.*

As causas disto estão enraizadas na psicologia do Homo boobus, ou homem inferior — ou seja, do cidadão normal, típico e predominante de uma sociedade democrática. Este homem, apesar de uma aparência superficial de inteligência, é, na realidade, incapaz de qualquer coisa que possa ser descrita como raciocínio.

As ideias que lhe entopem a cabeça são formuladas por um processo de mera emoção. Como todos os outros mamíferos superiores, eles têm sentimentos muito intensos, mas, também como eles, falta-lhe capacidade de julgamento. O que o agrada mais no departamento de ideias — e, daí, o que ele tende a aceitar mais como verdadeiro — e apenas o que satisfaz os seus anseios principais.

Por exemplo, anseios por segurança física, tranquilidade mental e subsistência farta e regular. (...) Na miscelânea de suas reações às ideias, ele abraça invariavelmente aquelas que lhe parecem mais simples, mais familiares, mais confortáveis — que se ajustam mais prontamente às suas emoções fundamentais e lhe exigem menos agilidade, resolução ou engenhosidade intelectuais. Em suma, ele é uma besta.

Para atingir esse leitor médio pela emoção, os grupos de mídia acabaram criando um universo virtual paralelo, copiando os estilos consagrados pelo teatro, do burlesco ao drama.

Assim, Menken descrevia o jornalismo praticado na época, na era pré-rádio:

"Bem, e como atiçar os seus [do público] sentimentos? No fundo, é bastante simples. Primeiro, amedronte-o — e depois tranquilize-o. Faça-o assustar-se com um bicho-tutu e corra para salvá-lo, usando um cassetete de jornal para matar o monstro.

Ou seja, primeiro, engane-o — e depois engane-o de novo. Essa, em substância, é toda a teoria e prática da arte do jornalismo nos Estados Unidos. Se nossas gazetas levam a sério algum negócio, é o negócio de tirar da focinheira e exibir novos e terríveis horrores, das costumeiras atrocidades, calamidades iminentes, tiranias, vilanias, barbaridades, perigos mortais, armadilhas, violências, catástrofes — e, então, magnificamente superá-los e resolvê-los. Essa primeira parte é muito fácil.

Não se sabe de nenhum caso em que a massa tenha deixado de acreditar num novo papão. Assim que o horrendo bicho tira os véus, ela começa a se agitar e gemer: seu reservatório de medos primários está sempre pronto a transbordar."

Esse estilo consagrou dois grupos de personagens midiáticos, bastante presentes no jornalismo brasileiro pós-redemocratização.

O Mito do Vampiro

Na dramaturgia, os grupos de mídia foram buscar os medos ancestrais, o Vampiro invencível. Cada adversário político é erigido à condição de "vampiro", o vilão invencível, capaz de superar todos os obstáculos.

Em todas as matérias, escondem qualquer sinal de humanidade. Todos seus atos são reportados negativamente, como se ele fosse capaz apenas de fazer o mal. Seus poderes e influência são superdimensionados.

Desde a redemocratização, vários personagens ocuparam o lugar de "vampiro" da vez, independentemente de biografia, posições políticas ou características pessoais. Paulo Maluf foi um dos primeiros "vampiros". Depois dele, Orestes Quércia, Leonel Brizola, José Sarney, Lula, José Dirceu.

O Mito dos Homens Bons

No outro extremo, os aliados são blindados, os erros são ocultados e as virtudes enaltecidas.

Ao longo das últimas décadas, foram criados vários "homens bons", em alguns casos exigindo contorcionismos fantásticos, como Antônio Carlos Magalhães, José Serra – os dois políticos que mais apoiaram os grupos de mídia - o Ministro do STF (Supremo Tribunal Federal) Gilmar Mendes, o ex-senador Demóstenes Torres.

Antes de se tornar "homem bom", o ex-Ministro Ayres Britto foi alvo de denúncia pesada.

Ayres foi um dos primeiros defensores da aplicabilidade da Lei de Ficha Limpa no STF. Havia uma votação envolvendo o ex-governador do DF, Joaquim Roriz. Um advogado, genro de Ayres, procurou o candidato e, mediante um preço exorbitante, ofereceu-se para ser contratado. Seria a maneira do sogro declarar-se impedido e não participar da votação, abrindo possibilidade de Roriz não ser condenado. Havia um precedente nesse tipo de jogada, conforme o genro revelou a Roriz.

O próprio Roriz divulgou um vídeo com a denúncia e os jornais repercutiram.

Nas semanas seguintes, Ayres Britto tornou-se o mais radical defensor dos interesses da mídia. Foi o principal artífice do fim da lei da imprensa, comprometendo o direito de resposta. Protagonizou vários seminários em que a liberdade de imprensa era apresentada como um valor absoluto.

Na presidência do CNJ (Conselho Nacional de Justiça) criou um grupo especialmente para defender grupos jornalísticos eventualmente sob a pressão de algum juiz mais severo. Fez o mesmo na OAB (Ordem dos Advogados do Brasil). E foi contratado pela Rede Globo para presidir o prêmio de qualidade conferido ao poder judiciário.

Nunca mais a denúncia contra o genro voltou a ser lembrada.

Historicamente, esse repertório de estratagemas jornalísticos sempre foi uma arma dos grupos de mídia, mais facilmente empregadas em períodos sem contraponto.

Mas, aí, apareceu a Internet.

A era da Internet

O cartel brasileiro e a Internet

Antes da Internet, o jogo da mídia brasileira era basicamente provinciano, mesmo no chamado jornalismo de opinião.

Quatro grandes grupos nacionais pautavam o mercado: Globo, Abril, Folha e Estado. A partir deles, a opinião transbordava para redes menores de rádio e televisão, um conjunto de grupos regionais, em geral, associados à Globo, a jornais regionais e a rádios independentes.

Toda publicidade nacional e a maior parte da publicidade pública eram alocadas nos grandes grupos nacionais. E ações menores, destinadas aos grupos regionais (não ligados às redes).

O critério "técnico" básico de alocação de verbas consistia em colocar mais em veículos que proporcionassem maior audiência. Obviamente, as TVs abertas sempre foram mais beneficiadas, por chegarem em quase 100% dos lares brasileiros.

Esse modelo fundava-se em algumas âncoras dúbias.

A primeira, nas formas de aferição de audiência — IVC (Instituto Verificador de Circulação) para a mídia impressa; e IBOPE para a mídia televisiva e radiofônica. Eram excluídos os pequenos veículos sem condições de bancar a filiação a um dos dois serviços.

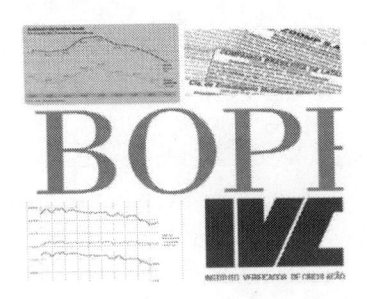

Quando começou a cair a tiragem impressa da *Veja*, suspeitava-se que um dos estratagemas para turbinar a tiragem consistia em prorrogar a assinatura mesmo sem o consentimento do assinante e mesmo sem pagamento. Procedia-se a uma vasta distribuição de assinaturas e tudo entrava na conta das assinaturas pagas — a métrica que vale para medir tiragem. O custo da distribuição compensava mais do que a queda proporcional no faturamento publicitário, caso a tiragem real fosse revelada.

No caso das TVs, o agente legitimador era o IBOPE. Em 2014 houve uma queda radical da audiência da Globo. Há suspeitas no ar de que essa aceleração da queda foi uma espécie de encontro de contas, ante a iminência da entrada de novos medidores de audiência e também da venda do IBOPE para um grupo internacional.

Durante décadas, Globo-Ibope era uma aliança mais férrea que Microsoft-Intel.

Até então, as agências de publicidade admitiam anunciar apenas em veículos auditados ou pelo IVC ou pelo IBOPE.

As âncoras foram práticas de cartelização junto às agências de publicidade, os chamados BVs (Bônus de Veiculação) pelo qual os grandes grupos instituíam tabelas progressivas de remuneração das agências de publicidade de acordo com o volume de publicidade que trouxessem.

Institucionalizou-se um ambiente de ampla promiscuidade entre veículos, agências e institutos de medição de audiência. E com a formação de cartórios inconcebíveis em tempos de Internet, como a publicidade legal — a obrigatoriedade de as empresas de capital aberto publicar balanços em jornais de ampla circulação.

Com a Internet, caíram as principais barreiras que impediam a entrada de qualquer novo ator no mercado de opinião. No broadcasting, os entrantes dependiam de concessões públicas; no impresso, de investimentos em máquinas, comercialização, redação, hábitos de leitura consolidados e cartelização da publicidade.

Com a confluência da mídia, entraram no jogo dois super-jogadores: as teles e as redes sociais (Facebook e Google). Nos Estados Unidos, ambos já levaram da mídia tradicional toda publicidade nacional, por serem mais abrangentes e permitirem focalizar mais a clientela.

Com a Internet, a crise dos grupos de mídia se desdobra em várias frentes.

O fim do monopólio da audiência

Com a Internet, duas barreiras deixaram de existir: a da audiência e a dos medidores de audiência.

A audiência de qualquer site ou blog pode ser auditada em tempo real por sistemas do Google ou por outros mais especializados.

A Internet rompeu definitivamente com as barreiras entre a mídia e outros setores. Na disputa por públicos e publicidade, entram sites de compras, portais de entretenimento, grupos religiosos, torcidas de futebol.

O que vende mais carro ou imóvel: uma publicidade em jornal impresso, em um site jornalístico ou em um portal especializado? O anúncio de uma geladeira é mais eficaz na página interna de um jornal ou no site de uma loja de departamentos? Quem tem mais credibilidade perante seu público: um jornal ou um pastor?

Esse é o drama: portais de comércio online ou de outros tipos de audiência passaram a competir no mercado publicitário com os grupos jornalísticos.

Em 2014, o ranking da Alexa (o mais conhecido medidor de audiência em Internet) trazia dados surpreendentes sobre o Brasil.

Na lista dos 25 sítios de maior audiência do país, os quatro primeiros eram de redes internacionais: Google brasileiro, Facebook, Google internacional, Youtube. Só então apareciam dois brasileiros: UOL e Globo. Na sequência, quatro estrangeiros: Yahoo, Live (antigo Hotmail), Allexpress, Youradexchange. Na 10ª posição, o Mercado Livre; na 13ª, o Netshoes; na 16ª, o Megaoferta. Só então, a Abril na 17ª. Por alguma razão, não entrou o Buscapé — que tinha enorme audiência.

Nos Estados Unidos, os dois últimos bastiões da imprensa — os anúncios de produtos nacionais e os classificados — já migraram para outros veículos digitais.

Usando as armas de mercado, não haveria como os grupos de mídia reagirem a essa invasão dos novos hunos, armados até os dentes com o estado de arte da tecnologia da comunicação.

Foi quando, do Norte veio a luz: um empresário com feições de gangster, arrojado, sem limites éticos ou comerciais, que saiu da Austrália, valeu-se da enorme liquidez do mercado financeiro internacional, atravessou o mundo adquirindo jornais até se estabelecer nos Estados Unidos.

O padrão Murdoch

Murdoch define a estratégia de sobrevivência

> O australiano radicado nos EUA definiu a estratégia de sobrevivência da velha mídia: um jogo intenso de manipulação visando empalmar o poder político para impedir a ascensão da nova mídia.

O fator Rupert Murdoch

Quando a Internet explodiu, todos os grupos de mídia tradicionais sentiram-se ameaçados.

A reação mais espúria partiu do magnata australiano Rupert Murdoch. Foi nele que os quatro grandes grupos de mídia — Globo, Abril, Folha e Estado — espelharam-se para montar o pacto de 2005.

Em algum tempo escondido na memória, o jornalismo brasileiro inspirou-se na sofisticação do New Journalism de Tom Wolfe, Gay Talese e Norman Mailer; nas reportagens-verdade, de Truman Capote; e até no jornalismo gonzo, do repórter vivendo os riscos relatados na reportagem.

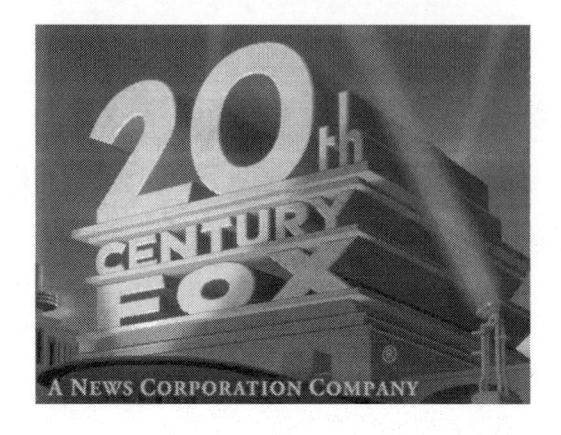

Mas nenhum estilo influenciou mais do que o de Murdoch.
Ele surgiu no rastro da globalização. Valeu-se do mercado de capitais, promoveu uma série de aquisições nos diversos continentes, adquiriu uma rede social, um estúdio de cinema, a 21st Century Fox e, através da News Corporation, jornais em diversos países.

Ressuscitou o mais abjeto estilo da história, continuador de William Randolph Hearst e outros "barões ladrões", transformando o jornalismo em uma máquina de assassinar reputações, em um instrumento rude, truculento de participação no jogo político e de notícias, sem nenhuma sofisticação a não ser a exibição permanente da força bruta, o jorrar intermitente do esgoto.

Coube a Roberto Civita, presidente da Editora Abril, captar o novo movimento e importá-lo para o Brasil.

A partir de 2005, tornou-se o padrão dos grupos de mídia brasileiro, inaugurado pela revista *Veja*, imitado pela *Folha* e disseminado por diversos comentaristas da *Globo*. Contribuiu para essa adesão acrítica o desaparecimento dos capitães de mídia do período anterior — Ruy Mesquita, do Estadão, Otávio Frias, da Folha, e Roberto Marinho, da Globo. Sem a visão estratégica dos pais, a nova geração de donos de mídia acolheu passivamente a liderança de Roberto Civita.

Da noite para o dia, o cenário jornalístico brasileiro ficou coalhado de imitações de personagens funambulescos, tentando emular o modelo grosseiro da Fox, com todos os veículos praticando o mesmo estilo de jornalismo murdochiano.

O início do estilo Murdoch

O modelo de jornalismo Murdoch foi montado com as seguintes características:

1. Buscou-se na extrema direita — no caso o Tea Party — o linguajar chulo e agressivo e o compêndio de preconceitos. Usou o preconceito como recurso jornalístico para conquistar a classe média, bastante sensibilizada pelos movimentos de inclusão social nos emergentes e pelos fluxos migratórios nos países centrais.

2. Criou-se um inimigo externo, não mais a União Soviética, mas um novo fantasma. Por lá, o Islã; por aqui, a Bolívia e a Venezuela. Não havia mais o receio das bombas da Guerra Fria, mas de outros fantasmas imemoriais, as ideias que penetram subliminarmente no cérebro dos incautos levando-os para o reino das trevas. Como disse Arnaldo Jabor em um comentário clássico na Globo, o comunismo explodiu e disseminou milhares de vírus pelo mundo, contaminando a cabeça de todos os democratas. Essa versão dramatizada da "Guerra dos Mundos", do "Monstro da Lagoa Negra", da propaganda subliminar — consagrada no auge da Guerra Fria — acabou se constituindo no roteiro geral do grupo Fox e de seus emuladores brasileiros.

3. Valeu-se do conceito consolidado de liberdade de imprensa para se blindar e promover uma ampla ofensiva de assassinatos de reputação, de disseminação de notícias falsas, contra adversários:

fossem jornalistas de outros veículos, políticos, empresários e intelectuais. E, por trás do macarthismo, montou jogadas comerciais de interesse do grupo.

4. Promoveu-se a ridicularização do cidadão comum — e dos críticos e adversários —, como maneira de ressaltar a superioridade intelectual do seu leitor.

5. Passou-se a desconstruir todo o sistema de informações com *Fake News* produzidas pela Fox News e disseminadas pelas redes sociais, um ensaio da guerra híbrida que se instalava no ecossistema das redes sociais. Tratava-se de uma técnica de confundir os fatos, desconstruindo os sistemas de aferição, para poder impor sua própria narrativa, recheada de inverdades e teorias conspiratórias.

O fenômeno Fox

A tentativa mais ousada de Murdoch foi entrar no mercado digital com a rede social MySpace.

A rede foi derrotada pelos puros-sangues Google e Facebook.

Percebendo a derrota, Murdoch decidiu levar a guerra para o campo da política. Conseguiu montar uma aliança inédita dos grupos de mídia norte-americana contra a eleição de Barack Obama.

Explorou recursos ancestrais de manipulação da informação para estimular um clima de intolerância exacerbada, apelando para os piores sentimentos de manada.

O candidato de Murdoch perdeu. Não por outro motivo, uma das primeiras reuniões de Obama, eleito, foi com os presidentes das redes sociais: Apple, Google e Facebook.

O ponto central da disseminação desse modelo, no entanto, foi a Fox News.

Lançada em 1996, a emissora conquistou uma audiência diária de 2 milhões de telespectadores, mais do que a soma da CNN e da MSNBC. Contratou diversos pré-candidatos republicanos à presidência, promoveu o Tea Party, contribuiu financeiramente com o Partido Republicano e grupos de ultradireita e foi relevante para a vitória republicana em 2010.

Disseminou teorias conspiratórias, falseou informações, espalhou boatos — como a de que Barack Obama era terrorista, ou que teria estudado em uma escola islâmica.

Em 2008, tentou ligar Obama com Bill Ayers (terrorista americano da década de 70), e a Louis Farraknan (líder da Nação islâmica nos EUA). O memorando interno do grupo recomendava aos repórteres enfatizar que no livro "Sonhos de meu pai", Obama divulgava ideias simpáticas ao marxismo.

Um e-mail que chegou a outros veículos de mídia explicitava melhor o espírito Murdoch. Ordenava aos repórteres que "evitem dizer que o planeta aqueceu (ou resfriou) em qualquer frase sem apontar em seguida que tais teorias são baseadas em dados que críticos questionam".

Seis meses após a invasão do Iraque, 67% dos seus telespectadores acreditavam que Sadam Hussein tinha se associado à Al-Qaeda, e 60% juravam que a maior parte dos cientistas garantia que não havia aquecimento global.

Políticos e jornalistas que ousassem criticar a Fox News tornaram-se alvos de seus ataques. Da mesma maneira que o *Clarin*, na Argentina, ou *Veja* no Brasil.

Apenas um jornalista ousou se erguer contra aquela máquina de assassinar reputações, Jon Stewart que, em seu "Daily Show", ironizava a paranoia da rede.

O restante dos jornalistas amarelou, da mesma maneira que no Brasil, mesmo sabendo que aquele estilo contaminava a imagem de todos indistintamente. E o principal fator foi o medo de ser emboscado por uma equipe de filmagem, atacado nos shows de televisão, ou ser acusado de esquerdista ou ainda não ter mais acesso ao mercado de trabalho da mídia convencional.

Mesmo após a vitória de Obama, a Fox continuou espalhando seu terror. Durante o debate sobre o aumento do teto da dívida pública, foi a Fox quem estimulou, através de seus comentaristas em rádio e televisão, o extremismo de muitos republicanos no Congresso.

O tabloide News of The World

O escândalo maior do fenômeno Murdoch ocorreu com o tabloide News of The World, até então o jornal mais vendido aos domingos no Reino Unido.

Em 2005, foi alvo de uma série de denúncias, como a de contratar detetives particulares e policiais para grampear celebridades e membros da realeza. Nada que chegasse perto de uma associação com organizações criminosas, como ocorreu no Brasil com a *Veja*.

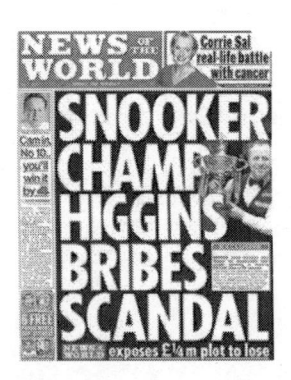

Algum tempo depois, The Guardian denunciou o jornal por ter grampeado os atores Jude Law e Gwyneth Paltrow.

O auge do escândalo foi a descoberta de que chegou a grampear o celular da menina Milly Dowler, de 13 anos, sequestrada e morta. Na tragédia do atentado ao metrô de Londres, em 2005, o jornal interceptou mensagens dos celulares dos parentes.

Os abusos reiterados levaram à prisão do editor do jornal, Clive Goodman, e do detetive particular Glen Mulcaire. E ele nem chegou à ousadia da revista *Veja*, que se associou a uma organização criminosa — Carlinhos Cachoeira —, praticou grampos ilegais, manipulou notícias envolvendo o próprio STF (Supremo Tribunal Federal), sem ser incomodada pelo Ministério Público Federal e outros órgãos de controle.

Depois de Murdoch, pelo menos no Reino Unido o poder público, partidos políticos e opinião pública em geral sentiram a necessidade premente de instrumentos de regulação que impedissem os abusos de poder da mídia. Surge daí o relatório Levenson.

O relatório Leveson

As estripulias dos jornais de Murdoch levaram o Parlamento inglês a tratar de forma mais severa a regulação da mídia através da Comissão Leveson, presidida pelo juiz Brian Leveson, que levantou os abusos da imprensa britânica[12].

Sobre as práticas antiéticas da imprensa

Quanto aos exemplos de alta visibilidade da prática antiética da imprensa que sugerem o contrário, argumenta-se que são aberrações e não refletem a cultura, as práticas ou a ética da imprensa como um todo.

Eu rejeito totalmente essa análise.

Obviamente, a maioria das reportagens não gera problemas relativos à difamação, privacidade ou direitos de terceiros e, em sua

---

[12] (Levenson)

maioria, são escritos com alto (ou muito alto) padrão de integridade e correção.

Porém, o número significativo de reportagens que não satisfaz esse padrão não pode ser ignorado e não tenho dúvida de que refletem uma cultura (ou, talvez mais exatamente, uma subcultura) dentro de alguns setores de alguns jornais.

Sobre o desapreço às leis

Quando uma notícia é considerada importante, as disposições da lei pouco contam e, em relação ao Código, suas disposições específicas também são manipuladas ou violadas — sem falar de sua essência.

Sobre os abusos generalizados

Um número excessivo de reportagens em um número excessivo de jornais foi objeto de reclamações de um número excessivo de pessoas, sendo que pouquíssimos deles assumiram a responsabilidade ou levaram em conta as consequências para os indivíduos envolvidos.

(...). Além disso, como comprovado em diversas reportagens em diferentes jornais, é evidente que a deturpação e o exagero acontecem em grau muito maior do que poderia ser considerado como comentário legítimo ou justo. Em um setor que supostamente serve para informar, toda informação errônea e, particularmente, toda distorção, deveria ser motivo de preocupação. Porém, quando há constante representação deturpada de grupos sociais, conflitos de interesse ocultos e alarmismo irresponsável na área científica, o risco para o interesse público é evidente."

Sobre o conceito de liberdade de imprensa

O segundo ponto foi a discussão sobre limites e responsabilidades da liberdade de imprensa.

Como resultado deste princípio, que é um dos pilares da nossa democracia, a imprensa tem direitos importantes e especiais neste país, que reconheço e tenho apoiado voluntariamente como advogado e juiz.

Junto com esses direitos, entretanto, há responsabilidades para com o interesse público: respeitar a verdade, obedecer a lei e defender os direitos e liberdades individuais. Em suma, honrar os princípios proclamados e escritos pela própria imprensa (e, em grande medida, refletidos no Código de Conduta dos Editores).

As provas apresentadas no Inquérito demonstraram, sem sombra de dúvida, que, com frequência excessiva na última década — considerada melhor que as anteriores — e antes dela, estas responsabilidades nas quais o público deposita grande confiança, foram simplesmente ignoradas.

Sobre a inutilidade da auto-regulação

(...) É, de fato, a função da imprensa chamar aqueles que têm poder à responsabilidade. É isso, de fato, o que o jornal The Guardian fez em relação ao News of the World, e o que a ITV e, depois, [o programa] Panorama fizeram em relação à BBC104.

Nenhuma dessas revelações levou qualquer jornal a conduzir uma investigação, seja sobre suas próprias práticas, seja sobre aquelas de outros jornais. Nenhum jornal tentou descobrir, e muito menos revelou, se seus jornalistas haviam respeitado a lei de proteção de dados.

Alguns jornais prontamente proibiram o uso de detetives particulares na busca de informações; muitos levaram algum tempo para tomar essa medida e outros não fizeram nada.

Sobre o corporativismo exacerbado da mídia

(...) A Comissão de Reclamações da Imprensa (PCC) não só aceitou as garantias do News of the World, como também, em uma estranha incursão em uma investigação dos padrões, ao invés da resolução de reclamações, condenou o Guardian por ter publicado os resultados da investigação: seu relatório a respeito disso foi desde então tirado do ar.

(...) Quando investigou questões importantes, a Comissão tentou desviar ou minimizar as críticas à imprensa. Pouco fez ao responder à Operação Motorman. Suas tentativas de investigar alegações de grampo telefônico, que deram apoio ao News of the World, não tiveram qualquer credibilidade. Exceto por solicitar respostas a perguntas, não foi realizada qualquer".

Sobre as tentativas infrutíferas de disciplinar a mídia

Há muito se reclama que certos setores da imprensa tratam brutalmente os outros, sejam eles indivíduos ou o público em geral, sem qualquer interesse público justificável. As tentativas de responsabilizá-los por isso têm sido infrutíferas. As promessas feitas não são cumpridas. Mesmo as mudanças feitas depois da morte de Diana, Princesa de Gales, duraram pouco.

O mito da liberdade de imprensa

Há muita dificuldade conceitual, especialmente no Judiciário, para entender o papel dos grupos de mídia e de conceitos como liberdade de imprensa, liberdade de opinião e direito à informação.

Tratam como se fossem conceitos similares.

Direito à informação e liberdade de expressão são direitos dos cidadãos, cláusulas pétreas da Constituição.

Liberdade de imprensa é um direito acessório das empresas jornalísticas, visando dar-lhes condições de cumprir corretamente importantíssima missão constitucional que lhe foi conferida. Portanto, só se justifica se utilizado para o cumprimento correto da missão.

No Brasil, no entanto, o conceito de liberdade de imprensa tornou-se extraordinariamente elástico, fugindo completamente dos princípios que o originaram.

Os grupos de mídia trabalham com jornalismo, entretenimento e marketing. E tem interesses comerciais próprios de uma empresa privada.

Jogaram todas as atividades de mídia debaixo da proteção da liberdade de imprensa, mesmo as não jornalísticas, tornando-as imunes a qualquer forma de controle seja de costumes seja da mera classificação indicativa.

Anos atrás, uma procuradora da República, Eugênia Gonzaga, intimou a Rede Globo devido a conceitos incorretos sobre educação inclusiva propagados em uma novela. Foi alvo de artigos misóginos do colunista Arthur Xexéo – "acusando-a" de pretender interferir no roteiro, ferindo a liberdade de expressão.

A ação proposta contra o apresentador Gugu, por ocasião da falsa reportagem sobre o PCC, rendeu reportagem desmoralizadora da revista *Veja* contra os proponentes da ação, em nome da liberdade de expressão.

A mera tentativa do Ministério da Justiça de definir uma classificação etária indicativa para programas de televisão foi torpedeada pela rede Globo, sob a acusação de interferência na liberdade de expressão.

Em todos os casos, a Justiça derrubou as ações em nome da liberdade de imprensa.

Quando o conceito de liberdade de imprensa foi desenvolvido — no bojo da criação do modelo de democracia norte-americano — o pilar central era o da mídia descentralizada, exprimindo a posição de grupos diversificados, permitindo que dessa atoarda nascessem consensos e representações.

As rádios comunitárias eram a expressão mais autêntica desse papel democratizante da mídia, assim como as mídias regionais.

Hoje as rádios comunitárias são criminalizadas. E as concessões públicas tornaram-se moeda de troca com grupos políticos, com coronéis eletrônicos, que a tratam como propriedade privada. Aceita-se o aluguel de horários para grupos religiosos, ou a venda das concessões para outros grupos, como se fossem propriedade privada e não um ativo público.

Tudo isso decorre da enorme concentração do setor, responsável por inúmeras distorções. Houve perda de representatividade da mídia regional, esmagamento das diferenças culturais, ideológicas.

Daí o movimento, em muitos países, por um marco regulatório que de maneira alguma interfira na liberdade de expressão. Mas que permita a desconcentração de mercado, promovendo o florescimento de novos grupos de mídia que tragam a diversificação e a pluralidade para o setor.

Enfim, instituir a verdadeira economia de mercado no setor.

Enquanto o mundo debatia esses limites da liberdade de imprensa, considerando-se a salvo de qualquer tentativa de regular sequer o direito de resposta, sob a inspiração de Roberto Civita, os grupos nacionais tentavam expandir seus limites éticos de atuação, tal como Murdoch havia feito nos Estados Unidos.

Murdoch chega ao Brasil

A influência de Roberto Civita para montar o pacto, espelhando em Murdoch na campanha de Obama.

A versão brasileira de Murdoch

A importação do estilo Murdoch criou dois movimentos nas redações.

Aberto o novo mercado para estilo agressivos-conspiratórios, jornalistas tradicionais trataram de emular os personagens da Fox e atender à nova demanda.

O primeiro deles foi Tales Alvarenga, que entrou na Veja nos anos 70 e construiu uma carreira burocrática interna, que o conduziu à chefia da redação nos anos 90.

Sua ascensão coincidiu com as novas atribuições que Roberto Civita se conferiu, de passar a ser o diretor de fato na revista.

Mais tarde, Tales foi nomeado diretor editorial da Veja, mantendo uma coluna na revista.

Nessa coluna, foi o primeiro a exercitar o estilo pittbull.

O segundo movimento foi a estratégia conjunta dos grupos de mídia de redesenhar o universo de personalidades da mídia de massa a partir de uma guerra cultural.

Para se preparar para a guerra, seria necessário reconstruir o Olimpo das celebridades, expurgando jornalistas ou celebridades que pudessem resistir ao novo modelo e repovoando com a geração pittbull, que aceitasse entrar na guerra de extermínio contra os inimigos. Processo semelhante foi utilizado pelo Clarin, na Argentina, de ataques inclementes contra intelectuais e jornalistas do campo político oposto.

A noite de São Bartolomeu da mídia

Lançado em 2004, o filme "The Crusader" — (no Brasil, recebeu o nome de "O Poder da Mídia"), dirigido por Bryan Goeres — serviu de inspiração, ao expor métodos já empregados em outros países.

É a história de uma disputa no mercado de telecomunicações, na qual um dos lados coopta o dono da rede de televisão.

A estratégia consistiu em escolher um repórter desconhecido e turbiná-lo com vários dossiês até transformá-lo em celebridade. Tornando-se celebridade, ganha poder para ser utilizado nas manobras do grupo.

Por aqui o modelo foi testado com um colunista de temas culturais, Diogo Mainardi. Sem conhecimentos maiores do mundo político e empresarial, durante algum tempo foi alimentado com dossiês, ampla liberdade para ofender, agredir.

Lançado seu livro, os jornais seguiram o script de "construir" uma reputação e alçá-lo à condição de celebridade instantânea.

Uma resenha do *Estadão* comparou-o a Carlos Lacerda. Uma reportagem-perfil na *Veja* tratou-o como "o guru do Leblon". Ambas as peças se tornaram símbolos clássicos do ridículo desses tempos de trevas. Seus ataques a vários jornalistas serviram de álibi para as organizações fazerem o expurgo e montarem a grande noite de São Bartolomeu da mídia.

A segunda parte do jogo foi a reconstrução do Olimpo midiático com novas divindades, que se dispusessem a preencher os requisitos exigidos, de adesão incondicional à estratégia do cartel, ganhando ou recuperando, em troca, o status de celebridade. Não bastava apenas a crítica contra o governo e o partido adversário. Tinha que se alinhar com o preconceito e a intolerância, expelir ódio por todos os poros, tratar cada pessoa que ousasse pensar diferente como inimigo a ser destruído.

Vários candidatos se ofereceram.

De repente, doces produtores musicais, esquecidos no mundo midiático, transformaram-se em colunistas políticos vociferantes e voltaram a ganhar os holofotes da mídia; intelectuais sem peso no seu meio tornaram-se fontes em permanente disponibilidade, repetindo os mesmos mantras; humoristas ganharam programas especiais e roqueiros a volta da visibilidade em troca das catilinárias.

Com autorização para matar e para criar a nova elite de celebridades midiáticas, diretores de redação julgaram que eles próprios poderiam cavalgar a onda e ocupar o posto de liderança da nova intelectualidade que a mídia pretendia forjar a golpes de manchete.

Um acordo com a editora Record garantiu lançamentos de livros e um trabalho de divulgação visando transformá-los em celebridades.

Cada lançamento de membros do grupo recebia cobertura intensiva de todos os veículos do cartel, páginas na *Veja* e na *Época*, resenhas na *Folha*, *Globo* e *Estadão*, entrevistas na *Globonews* e no programa do *Jô*.

Durante algum tempo, o mundo intelectual brasileiro testemunhou um dos capítulos mais vexaminosos de auto louvação, uma troca de elogios e de favores que empurrou a velha mídia para o provincianismo mais obtuso.

Diretor-adjunto da *Veja*, Mário Sabino lançava um romance que recebia uma crítica louvaminhas na própria *Veja*, escrita por um seu subordinado; e campanhas de outdoor em ônibus bancada pela Record, que disseminava a lenda de que o livro estaria sendo recebido de forma consagradora em vários países.

O livro de Ali Kamel, diretor da Globo, foi saudado pela revista Época, do mesmo grupo *Globo*, como um dos dez mais importantes da década. Mereceu uma página de crítica consagradora da *Veja*.

Graças à democratização trazida pelas redes sociais, os neo-intelectuais não resistiram à exposição e às críticas.

A indústria do anticomunismo

A uniformização do discurso raivoso se deu através da retomada da indústria do anticomunismo, a mais eficaz ideia-síntese para a criação dos fantasmas ancestrais.

Nos anos 20 a 40, o anticomunismo penetrou fortemente no imaginário nacional. Na Igreja, devido às perseguições religiosas em alguns países comunistas. Nas Forças Armadas, devido à chamada Intentona Comunista, com os oficiais mortos de madrugada, além da visão internacionalista dos comunistas se sobrepondo ao conceito de poder nacional. Nos empresários, devido ao combate à propriedade privada. No meio político, devido ao seu caráter antidemocrático.

Com o tempo, todos esses fatores esfumaçaram e o comunismo virou um retrato na parede. A Guerra Fria acabou em 1963, no encontro de Kennedy com Kruschev; o comunismo terminou em fins dos anos 80, com a queda do Muro de Berlim e, depois, com a Glasnot soviética.

Havia no Brasil um sentimento difuso de desconforto com a corrupção, os conchavos políticos, a proteção aos campeões nacionais. Mas havia desafios para transformar o desconforto em ação contra o governo.

O primeiro, é que a maioria dos vícios apontados são comuns a todos os partidos políticos, típicos do modelo político torto em vigor.

O segundo, é que a dispersão das críticas atrapalhava a unificação do discurso.

O discurso anticomunista permitiu unificar todas as insatisfações, da Igreja tradicional e dos evangélicos contra os avanços morais; dos empresários, contra a burocracia, a carga fiscal e o excesso de intervenção do Estado; da população em geral, contra a corrupção e os acordos políticos espúrios; dos militares, contra os que pretendiam escarafunchar os crimes da ditadura.

Debitando tudo na conta do comunismo-chavismo-bolivarismo-castrismo ou o ismo que fosse, tudo ficava facilitado: reduzia-se toda a crítica a chavões pouco sofisticados, de fácil assimilação para a média da opinião pública midiática. E não havia necessidade de trabalhar o discurso para cada público. As análises antichavistas de Arnaldo Jabor eram do mesmo nível dos humoristas de shows "stand ups" ou de roqueiros atuando no Twitter.

É nesse ambiente de intolerância, de macarthismo e assassinatos de reputações, que *Veja* define o estilo dominante. Em pouco tempo, o ar pestilento que emanava na editora espalhou-se por todo o universo jornalístico da velha mídia.

O jornalismo brasileiro na era da infâmia

A degradação jornalística da revista *Veja* foi fruto de dois fenômenos simultâneos: a mistura da cozinha com a copa (redação e comercial) e o afastamento dos princípios jornalísticos básicos, a partir do momento em que Roberto Civita decidiu assumir o comando editorial da revista, assessorado por José Roberto Guzzo, que se tornou o principal cinzelador do jornalismo da revista.

Os grupos de mídia sempre tiveram interesses paralelos em jogo. Mas havia algum pudor

Para não contaminar as redações, se procurava tratar interesses comerciais no âmbito das cúpulas das empresas. Sempre havia maneiras "técnicas" de vetar determinadas matérias que não interessavam, assim como conferir tratamento jornalístico a matérias de interesse da casa ou mesmo se meter em guerras comerciais sem chamar a atenção demasiadamente.

Para administrar esse território delicado, as boas redações jamais prescindiram de comandantes fortes e competentes. São os avalistas do jornalismo perante a empresa e da empresa perante a redação. Não vão contra a lógica comercial, mas são os radares, aqueles que informam até onde se pode avançar no noticiário sem comprometer a credibilidade da publicação.

Obviamente, a contrapartida era a influência pessoal dos chefes de redação que, em alguns momentos, tornava-se mais relevante que a dos próprios proprietários.

A nova geração de donos abriu mão desses comandantes, substituindo-se por chefias de redação de menor peso e dispostas a concordar com todos os abusos.

Havia um fator a mais a estimular a falta de controle: a desobediência ampla aos princípios jornalísticos básicos. E aí se encontra um farto material sobre o mais completo compêndio de anti-jornalismo que a história moderna da mídia brasileira registrou: o estilo *Veja* de jornalismo.

O estilo Veja de antijornalismo

Desde os anos 80, cada vez mais Veja se especializaria em "construir" matérias que assumiam vida quase independente dos fatos que deveriam respaldá-las. Definia-se previamente como "seria" a matéria. Cabia aos repórteres apenas buscar declarações que ajudassem a colocar aquele monte de suposições em pé.

Essa preparação prévia da reportagem ocorria toda segunda-feira nas reuniões de editores. Era chamada de "pensata".

O que era um estilo criticável, com o tempo acabou tornando-se uma compulsão, como se a revista não mais precisasse dos fatos para compor suas reportagens. Ela se tornou uma ficção ampla, algo que é de conhecimento geral dos jornalistas brasileiros.

O vício tornou-se tamanho que transbordou para todos os temas, não apenas para as jogadas políticas. Em maio de 2015, em sua página no Facebook, o músico Marcelo Nova publicou um protesto contra manipulação de entrevista dada à revista.

"*Fiquei surpreso quando li na revista Veja desta semana (13 de maio 2015), uma matéria sobre a volta da minha banda Camisa de Vênus Oficial, na seção CONVERSA.*

Algumas das perguntas que lá estão nem sequer me foram feitas e as respostas ficaram a cargo de vai se saber quem.

Como se não bastasse essa abordagem amadora, há uma suposta frase minha sobre Raul Seixas: 'Ele bebia muito e não aparecia para as apresentações.'

Eu e Raul fizemos juntos 50 shows e ele compareceu em absolutamente todos. Foi muito mais profissional do que quem publicou este absurdo.

Deixo uma pergunta: A quem interessa esse tipo de mentira barata?"

O modelo Veja de reportagem

Antes de análises de caso, vamos a uma pequena explicação sobre como foi construído o modelo *Veja* de reportagem, que acabou sendo imitado por outras publicações.

1. Levantam-se alguns dados verdadeiros, mas irrelevantes ou que nada tenham a ver com o contexto da denúncia, mas que passem a sensação de que o jornalista acompanhou em detalhes o episódio narrado.

2. Depois juntam-se os pontos, cria-se um roteiro de filme, muitas vezes totalmente inverossímil, calçado em alguns fatos irrelevantes, supostamente verdadeiros.

3. Para "esquentar" a matéria ou se inventam frases que não foram pronunciadas ou se tiram frases do contexto ou se confere tratamento de escândalo a fatos banais. Tudo temperado por forte dose de adjetivação.

O caso "boimate" é clássico. Era um trote de 1º de abril da New Scientist — sobre um cruzamento de boi com tomate que resultou em uma carne com molho. A revista incumbiu um repórter de obter uma frase de efeito de um cientista da USP.

O repórter perguntou o que o cientista achava. A resposta foi que era impossível tal experimento. O repórter tinha que voltar com a frase que se encaixasse na matéria, então insistiu: "E se fosse possível!". O cientista, ironizando: "Seria a maior revolução da história da genética".

A matéria saiu com a frase do infeliz dizendo que era a maior revolução da história da genética.

Vamos a alguns exemplos para entender, na prática, em que consiste esse estilo *Veja*, a partir de algumas obras de Policarpo Júnior, diretor da sucursal de Brasília e peça central no estilo *Veja* de denúncias, que seria depois adotado por outras revistas semanais.

O caso Chico Lopes

Em janeiro de 1999, quando houve o estouro no câmbio, seguiu-se uma catarse geral na mídia, uma busca de escândalos a qualquer preço. Foram publicados absurdos memoráveis que acabaram se perdendo no tempo — como o de que Fernando Henrique Cardoso se valia do seu Ministro-Chefe da Casa Civil, Clóvis Carvalho para informar os banqueiros sobre as mudanças cambiais.

O escândalo refluiu e cada publicação tratou de esquecer as ficções que plantou e a vida prosseguiu.

Na época, *Veja* publicou uma capa acusando Chico Lopes de ter beneficiado os bancos Marka e FonteCindam com informações privilegiadas. Chegou a afirmar que quatro bancos pagavam US$ 500 mil mensais para ele.

A matéria não respondia à questão central: se os dois bancos recebiam informações privilegiadas de Chico Lopes, se Chico assumiu a presidência do Banco Central com a missão precípua de mudar a política cambial, por que apenas eles quebraram na mudança? Na época, a explicação de *Veja* já era absurda. Assoberbado com os problemas da mudança cambial, Chico tinha se esquecido de avisar seus clientes (que lhe pagavam US$ 500 mil mensais apenas para ter *aquela* informação, segundo a reportagem).

O mistério persistiu até o dia 23 de maio de 2001 quando saiu a capa da Veja "A História Secreta de um Golpe Bilionário" um clássico à altura do "boimate".
A abertura nada ficava a dever a um conto de Agatha Christie.

> O momento mais dramático do governo do presidente Fernando Henrique Cardoso ocorreu no dia 13 de janeiro de 1999.(...)O que ninguém sabia é que, desde aquele dia, um grupo reduzidíssimo de altos membros do governo passou a guardar um segredo de Estado, daqueles que só se revelam vinte anos depois da morte de um presidente. Após quatro meses de investigação e 22 entrevistas com catorze personagens envolvidos, VEJA desvendou peças essenciais para o esclarecimento do mistério, que resultou na inesperada, e até hoje inexplicada, demissão do presidente do Banco Central apenas duas semanas depois da desvalorização.

A demissão de Lopes tinha sido mais que explicada: os erros na condução da mudança da política cambial.

> O então presidente do Banco Central, o economista Francisco Lopes, vendia informações privilegiadas sobre juros e câmbio — e uma parte de sua remuneração saía da conta número 000 018, agência 021, do Bank of New York. A conta pertencia a uma empresa do Banco Pactual, a Pactual Overseas Bank and Trust Limited, com sede no paraíso fiscal das Bahamas. Chico Lopes, como é conhecido, repassava as informações para dois parceiros, que se encarregavam de levá-las aos clientes do esquema. Os contatos entre os três eram feitos por meio de aparelhos celulares. A Polícia Federal suspeita que os números sejam os seguintes: 021-99162833, 021-99835650 e 021-99955055.
>
> Salvatore Alberto Cacciola, então dono do banco Marka, do Rio de Janeiro, descobriu todo o esquema por meio de um grampo telefônico ilegal e também passou a ter as mesmas informações privilegiadas. As fitas, que registram as conversas grampeadas, estão guardadas num cofre no Brasil — e há cópias depositadas num banco no exterior. Cacciola chegou a custear viagens a Brasília para que seu contato obtivesse, pessoalmente, as informações de Chico Lopes. Numa delas, seu contato voou do Rio a Brasília num jatinho da Líder Táxi Aéreo (o aluguel do jato saiu por 10 500 reais) e hospedou-se no hotel Saint Paul (a conta: 222,83 reais). Quebrado com a mudança cambial, que seu informante não conseguiu avisar-lhe a tempo, Cacciola desembarcou em Brasília no dia seguinte, 14 de janeiro de 1999, com o que chamou de "uma bazuca". Ela estava carregada de

> *chantagem: ou o BC lhe ajudava ou denunciaria ao país a existência do esquema. O BC ajudou. Vendeu dólar abaixo da cotação e, no fim, Cacciola levou o equivalente a 1 bilhão de reais.*

Era um furo fantástico! Em vez de pagar US$ 500 mil mensais, Cacciola descobrira o modo mais barato de obter informações privilegiadas: grampeando celulares de quem pagava.

Nem se fale de o contrassenso de alguém experiente em mercado jogar todo seu futuro no resultado de um "grampo". Qualquer decisão de mudança de política cambial seria imprevista, da noite para o dia. Como confiar toda sua vida financeira a um mero "grampo"?

Segundo a matéria, no dia aziago, o grampo falhou e Cacciola quebrou. Indignado, foi tirar satisfações com Chico Lopes, que cedeu à chantagem.

Como foi montado esse *nonsense*?

Depois de "22 entrevistas com 14 personagens" envolvidos, *Veja* havia conseguido, de fato, as seguintes informações:

1. Com Luiz Cezar Fernandes, ex-controlador do Pactual, em briga com seus ex-sócios, o número da suposta conta corrente do Pactual em Nova York, de onde sairiam os supostos pagamentos para Chico Lopes. Na verdade, o número apresentado era o de registro do Banco na praça de Nova York, feito junto ao Banco de Nova York — equivale aquele 001 que você confere nos cheques do Banco do Brasil.

2. Na declaração de renda de Luiz Bragança (o suposto intermediário de Chico Lopes no vazamento das informações), algum araponga brasiliense levantou os números dos três celulares. Ou seja, na versão de *Veja*, o sujeito montava um esquema supersecreto para transmitir informações, que supostamente renderia US$ 500 mil mensais, valendo-se de telefones celulares — e colocava o número dos aparelhos na sua declaração de renda.

Como tempero final, um apanhado de fatos e dos boatos mais inverossímeis que circularam por ocasião da mudança cambial.

Citado na matéria, o economista Rubens Novaes enviou carta a *Veja* esclarecendo todos esses pontos. A carta jamais foi publicada. Ele limitou-se a enviar cópias para alguns jornalistas.

Longe de mim afirmar que não houve irregularidade, que Cacciola era inocente, ou mesmo colocar a mão no fogo por Chico

Lopes. Na época, mesmo, divulguei indícios fortes de que Cacciola tinha, no mínimo, alguém que lhe passava informações sobre as taxas de juros praticadas pelo Central — e até sugeri a metodologia para identificar essa prática de "insider".

Mas era evidente que toda a matéria de *Veja* era uma ficção ampla.

Longe de exceção, refletia um padrão de "jornalismo" presente em todas as coberturas bombásticas da revista.

A lobista que foi chantageado por Veja

Um dos episódios mais emblemáticos do método *Veja* de jornalismo foi a denúncia do suposto envolvimento de Fábio Luis Lula da Silva, o Lulinha, com o superlobista Alexandre Paes dos Santos, o APS.

A capa de 25 de outubro de 2006 trazia Fábio Luís na capa e, atrás dele, Lula. O título era "O 'Ronaldinho' de Lula". O subtítulo dizia que "o presidente comparou o filho empresário ao craque de futebol. Mas os dons fenomenais de Fábio Luís, o Lulinha, só apareceram depois que o pai chegou ao Planalto".

O filé mignon da matéria era um boxe com o APS, lobista brasiliense, velho conhecido da revista, tendo fornecido a ela algumas capas nos anos 90.

A prova do crime, para a revista, era o fato de Lulinha e Omar Kalil — sócio dele na Gamecorp — supostamente ocuparem uma sala no escritório do lobista APS, "em uma imponente mansão com quatro andares e elevador na sofisticada região da zona sul".

A reportagem dava detalhes. A sala usada pelos dois tinha 40 metros quadrados, bem ao lado da sala de APS. Há algumas semanas, estava mobiliada com duas mesas. Todas as cadeiras eram vermelhas. Havia dois computadores, duas linhas telefônicas, uma impressora e um quadro na parede.

Valia-se do velho estratagema de rechear uma mera suspeita com uma sucessão de detalhes, para passar a impressão de uma apuração meticulosa.

Segundo a reportagem, APS diz apenas: "Eu emprestei a sala, mas não tenho a menor ideia do que eles faziam lá". E o texto completava: "seria ingênuo que dissesse alguma coisa mais comprometedora sobre os vizinhos de sala e colegas por dois anos".

Os detalhes não paravam por ali.

Além da sala, APS também teria colocado uma frota à disposição da dupla. Quando Lulinha e Kalil começaram a frequentar o escritório do lobista, seus deslocamentos por Brasília eram feitos em Ford Fiesta. Com cerca de 1,90 metro de altura, Kalil reclamou que o Fiesta era desconfortável e disse que gostaria de carro mais espaçoso. APS substituiu o Fiesta por um Omega.

A reportagem prosseguia lembrando que ambos ficavam hospedados na Granja do Torto ou no Palácio do Alvorada e, quando isso não era possível, Kalil ia para o Blue Tree, a menos de um quilômetro do Alvorado. Então, qual a razão para ficarem em um escritório manjado, como o do APS?

> *Não se conhecem bem as razões pelas quais Lulinha e Kalil mantinham uma sala no escritório do lobista de métodos heterodoxos. O que faziam ali? Por que despachavam dali? Em busca dessas respostas, Veja descobriu que a sala foi*

cedida a Lulinha e Kalil como parte de um acordo dele com a francesa Arlette Siaretta, dona do grupo Casablanca, um conglomerado de 54 empresas que, entre outras atividades, faz produção de filmes".

Não tinha resposta lógica. Pela própria reportagem, Lulinha e Kalil não tinham necessidade de ficar no escritório de APS. Mas ficavam devido a um acordo com a francesa Arlette.

A reportagem saiu no sábado. Na segunda, reportagem de André Michel, da *Folha*, trazia no título "Lobista diz que nunca viu filho de Lula e que ele não usava sua sala".

"O FÁBIO FICAVA MAIS ALI"

"O Fábio Luís nunca esteve no escritório. Só o vi em fotos publicadas pela imprensa. O Kalil, eventualmente, ia lá, mas ele não tinha nenhum negócio com o escritório. Usou uma sala por conta de um acordo operacional que mantenho com a Arlete [Siaretta]", disse APS.

Na edição seguinte, de 1º *de novembro de 2006* (em plena campanha presidencial) a revista insiste no tema, com nova reportagem.

A reportagem começava com uma foto de APS e a declaração entre aspas:

"O Fábio ficava mais ali".

Visava rebater a entrevista de APS à *Folha*, negando que conhecesse Lulinha.

A reportagem de Veja mencionava grampos de conversas gravadas de APS.

Os advogados de Lulinha entraram, então, com uma ação judicial contra Alexandre e a Editora Abril S/A. No curso da ação, APS reiterou que jamais manteve qualquer relação pessoal ou profissional com Fábio Luis.

A reação da Veja foi uma demonstração dos métodos empregados pela revista. Os advogados juntaram no processo uma gravação ambiental clandestina, um grampo no lobista, praticado por um repórter.[13]

Nela, vê-se o lobista negociando proteção com a revista e o repórter tentando convencê-lo a bancar a informação. A degravação do grampo, no entanto, acabou surpreendentemente revelando uma conversa em que o repórter combina com o lobista o que ele deveria falar:

> *Repórter* — a matéria... a matéria... ela tem como foco... e quem vai possivelmente... pra capa da revista é o filho do presidente".
> O segundo ponto que é... você tocou num ponto que é central, você disse assim: 'ah, rapaz, isso aí é uma trolha do tamanho do mundo, é ano de eleição...' ...
>
> (...). ai lá pelas tantas que eu vou ter que dizer: 'olha, em Brasília eles dormiam no Palácio do Planalto, na Granja do Torto e chegaram até a despachar em alguma mansão-escritório em Brasília, numa área nobre da cidade'
>
> *APS* — hum, hum...
>
> *Repórter* — é... e aí entra você, sei lá, dizendo... é... ou: 'não quero falar nada' ou talvez dizendo a verdade: 'olha, eu disponibilizei um espaço...'...
>
> *APS* — tenho... eu tenho que pensar nisso aí, porque isso aí vai ser difícil, é a abertura pra porrada... se eu tivesse cinquenta fins-de-semana (...) ... pô, pau na máquina!
>
> *Repórter* -. pensa nisso, porque eu acho que isso não é abertura pra porrada, eu acho que isso aí é uma... dique de contenção que você ergue, na medida que as cartas estão na mesa: 'recebi sim, trabalharam aqui algum... vieram algumas vezes...'...

---

[13] (Oltramari)

Surpreendentemente, a Justiça condenou APS a pagar uma indenização de R$ 5 mil a Lulinha, por frases depreciativas contra ele, ditas na conversa informal (e grampeada) com o repórter.
Quanto à *Veja* e ao repórter, foram absolvidos.

Os dossiês e os chantagistas

E aqui se introduz um personagem central nesse neojornalismo: os grupos de lobbies e organizações criminosas que infestam os negócios públicos, especialmente em Brasília, onde se situam as principais decisões de gastos públicos.

A partir da campanha do "impeachment" de Fernando Collor, jornalistas, grampeadores e chantagistas passaram a conviver intimamente em Brasília. Até então, havia uma espécie de barreira, que fazia com que chantagistas recorressem a publicações menores, a colunistas da periferia, para montar seus lobbies ou chantagens. Não à grande mídia.

Com o tempo, a necessidade de fabricar escândalo a qualquer preço provocou a aproximação, mais que isso, a cumplicidade entre alguns jornalistas, grampeadores e chantagistas. Paralelamente, houve o desmonte dos filtros de qualidade das redações, especialmente nas revistas semanais e em alguns diários.

Foi uma associação para o crime. Com um jornalista à sua disposição, o grampeador tem seu passe valorizado no mercado. A chantagem torna-se mais valiosa, eficiente, proporcional ao impacto que a notícia teria, se publicada. Isso na hipótese benigna.

É uma aliança espúria, porque o leitor toma contato com os grampos e dossiês divulgados. Mas, na outra ponta, a publicação fortalece o achacador em suas investidas futuras. Não se trata de melhorar o país, mas de desalojar esquemas barras-pesadas em benefício de outros esquemas, igualmente barras-pesadas, mas aliados da publicação. E fica-se sem saber sobre as chantagens bem-sucedidas, as que não precisaram chegar às páginas de jornais.

As duas pernas da indústria de dossiês

Os anos 2.000 foram politicamente marcados pela indústria de dossiês, um jogo tenebroso que não respeitou direitos individuais, limites legais, transformando a imprensa em uma imensa máquina de assassinar reputações.

Grampos ilegais, vazamento de documentos, mentiras toscas ou elaboradas, parcerias com organizações criminosas ou com procuradores da república e delegados federais, tudo somado colaborou para que os últimos quinze anos fossem marcados como a era da infâmia.

No centro desse jogo, a revista *Veja*, como estuário de uma aliança que juntou as duas maiores fábricas de dossiês da moderna história do jornalismo. Em uma ponta, a organização criminosa de Carlinhos Cachoeira; na outra, um grupo político onde pontificava a figura do ex-candidato à presidência da República, José Serra.

Para entender o fenômeno *Veja* e seus dossiês é preciso, antes, uma passada de olhos sobre os principais personagens que atuaram nesse período.

A fábrica de dossiês

A segunda perna da indústria de dossiês estava firmemente fincada no campo político, manobrada por Serra. Caso Lunus, "aloprados", escuta no STF, grampo sem áudio, uma sequência insólita de escândalos fabricados que alimentou a mídia, especialmente a revista Veja.

É na operação Lunus que estão as pistas para se chegar ao início do nosso modelo.

O caso Lunus inviabilizou a candidatura de Roseana Sarney à presidência da República.

Policiais Federais montaram campana, identificaram o dia e a hora em que a Lunus — de Jorge Murad, marido de Roseana Sarney — receberia contribuições e montaram um flagrante acompanhado de uma equipe do *Jornal Nacional*.

Para melhorar a cena, arrumou-se o dinheiro em pacotes de grande visibilidade, facilitando o impacto televisivo.

Essa mesma jogada — de empilhar o dinheiro para dar impacto televisivo — foi repetida no caso dos "aloprados", em 2006, entre um delegado da Polícia Federal e o *Jornal Nacional*.

Da própria Lunus, foi enviado um telex para o Palácio do Planalto dando conta do sucesso da operação.

Nesse episódio, aparece José Serra como principal beneficiário. Depois, o Procurador da República José Roberto Santoro, que se imiscuiu em um inquérito que não era dele, coordenou a ação, cujo titular era o procurador Mário Lúcio Avellar.

Do lado da Polícia Federal, atuou o delegado Marcelo Itagiba. E as suspeitas sobre as escutas que permitiram o flagrante recaíram sobre a FENCE, Consultoria Empresarial, empresa especializada em arapongagem.

A partir desse episódio, montei um quadro esquemático com atores que estiveram envolvidos no caso Lunus e nos episódios posteriores de dossiês e arapongagens, e tentei definir um mapa de relacionamentos entre eles e um roteiro de como tudo pode ter começado.

É o fio da meada para se chegar à fábrica de dossiês.

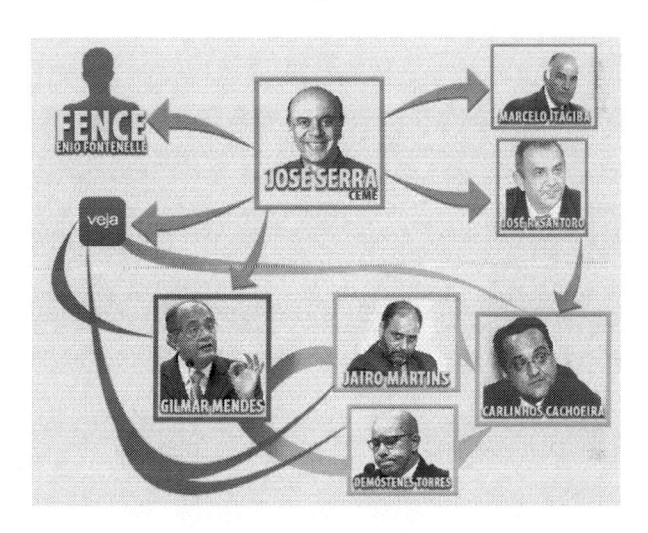

Assumindo o Ministério da Saúde, através da CEME (Central de Medicamentos), Serra contrata o delegado da Polícia Federal Marcelo Itagiba e aproxima-se do subprocurador da República José Roberto Santoro. Contrata também a FENCE, empresa especializada em escutas e varreduras telefônicas.

Santoro aproxima-se de Carlinhos Cachoeira no episódio Waldomiro Diniz. Ele é o procurador que se reúne de madrugada, sigilosamente, com Cachoeira no próprio prédio do MPF, conforme matéria divulgada pelo *Jornal Nacional*.

Cachoeira tem ligações estreitas com Jairo Martins (seu principal araponga e operador junto à *Veja*) e com o ex-senador Demóstenes Torres.

Na presidência do STF, Gilmar Mendes contrata Jairo como seu consultor de informática.

E mantém relações antigas de amizade com Demóstenes. Por sua vez, Serra tem ligações antigas com Gilmar e com a revista *Veja*.

No episódio Lunus, a mídia ainda não estava fechada com Serra e a cobertura da época desvendou rapidamente a trama.

A FENCE recebia por varredura efetuada. Segundo reportagem da revista *Veja*, de *20 de março de 2002*, de primeiro de janeiro a 28 de fevereiro de 2002, período que antecedeu a Operação Lunus, a FENCE recebeu R$ 210 mil do Ministério da Saúde. Para tanto, necessitaria ter realizado 840 varreduras em menos de 60 dias, ou quase 14 varreduras por dia.

É evidente que o pagamento não se devia a varreduras internas no Ministério.

Depois que tomou posse como governador, Serra contratou a FENCE para monitorar todos os telefonemas do estado que passavam pela Prodesp (empresa de processamento de dados do estado) e "outras de seu interesse".

Reportagem da *Folha*, de *17 de março de 2002* dizia o seguinte sobre Santoro e Itagiba[14]:

> "O presidenciável tucano, senador José Serra (SP), conseguiu reunir sob as asas de aliados as duas principais investigações em curso que podem prejudicar sua candidatura ou implodir a campanha de seus adversários. São eles: o subprocurador da República José Roberto Santoro e o delegado de Polícia Federal Marcelo Itagiba".

A reportagem mostrava como Santoro coordenou informalmente o pedido de busca e apreensão de documentos na Lunus. E como Itagiba se valeu do cargo de superintendente regional da PF para afastar um delegado que investigava doações de campanha a Serra.

Segundo a matéria, era antiga a parceria de Santoro e Itagiba:

> "José Roberto Santoro e Marcelo Itagiba fazem parte da tropa de choque de Serra no aparato policial e de investigação. Os dois já estiveram juntos antes. Em 2000, enquanto Santoro promovia ações judiciais de interesse do então Ministro José Serra na área da

---
[14] (Gramacho, 2002)

> saúde, Itagiba coordenava uma equipe instalada na Anvisa (Agência Nacional de Vigilância Sanitária) para investigar laboratórios".

Quando Serra foi Ministro da Saúde, o bicheiro Carlinhos Cachoeira investiu em laboratório de remédios genéricos em Goiás.

Mas, para entender a base de sua influência, torna-se necessário um mergulho mais profundo na grande guerra política da contravenção, em torno do jogo eletrônico.

A parceria de Veja com Cachoeira

Como a parceria entre um bicheiro e a Veja
provocou a maior crise da República

A guerra das loterias

O bicheiro Carlinhos Cachoeira entra em nossa história dentro de um dos capítulos mais intrincados e obscuros da atuação do crime organizado no país: a guerra entre máfias internacionais e locais em torno do butim[15] das loterias.

A informatização do jogo mudou o padrão das guerras intestinas do bicho, deu espaço para a entrada de grupos estrangeiros, com seus sistemas para controles de apostas.

Ao mesmo tempo, abriu enormes possibilidades de financiamento político para os diversos governos, independentemente de partidos.

A primeira incursão audaciosa foi da G Tech com a Caixa Econômica Federal (CEF) em 1993, no governo Itamar Franco. O presidente da CEF era Danilo de Castro.

Até então, o processamento das apostas era executado pela Datamec, empresa pública da qual a CEF detinha 99% do capital.

Em 1993, a Racimec convenceu Danilo de Castro a montar um grupo de trabalho de loterias, visando implantar o sistema online real time, formalizado através da Portaria n° 258/93.

Com a desculpa de que o processo precisava ser agilizado, 18 meses antes da abertura da concorrência pública, a CEF aceitou mudar o modelo. Alegou inexigibilidade de licitação para adquirir novos equipamentos "de transição" da Racimec, que seriam utilizados para a implantação final do modelo, três anos e meio à frente. No processamento offline das apostas, topou também substituir a Datamec pela Racimec.

---
[15] (Bingos)

Através da Concorrência Pública n° 001/1994 entregou os serviços online ao consórcio liderado pela empresa Racimec, sócia da G Tech.

Por trás da Racimec, estava a G Tech, empresa que dominava o sistema de jogos em Las Vegas e grande fatia do mercado mundial.

A G Tech teve, entre seus lobistas, o senador John McCain, candidato a presidente dos EUA pelo Partido Republicano em 2008. E controlava a loteria do Texas, quando George Bush Filho governou o Estado.

O início de Cachoeira

Filho de um apostador de jogo de bicho, Carlinhos Cachoeira herdou parte dos negócios do pai, mas começou a deslanchar nos anos 90, quando o governador de Goiás, Maguito Vilela, lhe deu a concessão da Loteria do Estado de Goiás, a LEG.

Cachoeira tornou-se pioneiro do bingo eletrônico e do caça níquel em Goiás. Quando Marconi Perillo (PSDB) assumiu o governo do Estado, Cachoeira mudou-se para Goiânia enquanto colocava o irmão para administrar as empresas que criou com o dinheiro do jogo.

Em 2001, seu objetivo estratégico era explorar o ramo de jogos virtuais. Já nos anos 2.000 havia entendido que o futuro do jogo estava na Internet.

Esse breve período de legalidade permitiu a Cachoeira estreitar laços com Demóstenes Torres, então Secretario de Segurança de Goiás, com a Polícia Civil e com a Polícia Militar.

Cachoeira passou a acionar Demóstenes para reprimir os concorrentes que atuavam na ilegalidade, graças a esse apoio, se aliou a máfia espanhola que controlava o bicho, bingos e caça-níqueis no estado, fornecia máquinas e tinha o controle do território de Goiás.

Em 2007, quando o STF revogou em definitivo a lei goiana, Cachoeira já era o todo-poderoso do jogo do estado.

Além de explorar o jogo clandestino, autorizava a entrada de novos competidores, mediante o pagamento de uma taxa de proteção de 35% sobre o faturamento, e vendia segurança graças à parceria com policiais civis e militares. Quando um dos concedidos resistiu a pagar os 35%, foi sequestrado e livrou-se porque era parente de um amigo de Cachoeira, que se responsabilizou pelo pagamento.

Foi assim com outras famílias poderosas, como os Quiroga, ligados à Escuderia Le Coq, expulsos do Espírito Santo, os Quiroga desembarcaram em Goiás e bateram continência a Cachoeira.

Enquanto a G Tech se havia com a CEF, Carlinhos Cachoeira tentava sair de sua base goiana e se lançar nacionalmente

O Rio seria a vitrine para a empresa de Cachoeira, que tentava aproximação com grupos de loteria na Espanha e Itália. A partir do Rio, Cachoeira poderia competir com a G Tech em outros estados. Sua entrada no Rio se deu no governo Benedita da Silva, do PT através de Waldomiro Diniz.

A incursão de Cachoeira no Rio terminou em um escândalo que gerou uma CPI – da qual Cachoeira se livrou graças parceria com a revista *Veja*.

Em *janeiro de 2003* foi selado um acordo de paz entre a G Tech e Cachoeira, pelo qual a empresa repassaria ao bicheiro negócios que tinha em vários estados, em troca, Cachoeira ajudaria na renovação do contrato com a Caixa, recorrendo ao lobby de Waldomiro Diniz e de Rogério Buratti, ligado ao Ministro da Fazenda Antônio Pallocci.

Nada disso ocorreu.

Em *abril de 2003* a Procomp ganhou em pregão eletrônico um contrato de R$ 212 milhões para fornecer 25 mil terminais para a rede lotérica da CEF, desbancando a G Tech. No ano seguinte houve a licitação final, e a Procomp venceu novamente.

Cachoeira perdeu um faturamento potencial de R$ 30 milhões em cinco anos. Irritado com a derrota, decidiu se vingar, espalhando o vídeo da conversa com Waldomiro, ainda nos tempos da Rio Loteria.

Em *janeiro de 2004*, Cachoeira deu o ultimato para Waldomiro: ou revertia a situação ou seria denunciado. Em fevereiro, divulgou o vídeo com o pedido de propina, ainda dos tempos de Waldomiro na Loterj.

Nesse episódio consolidaram-se relações e alianças entre um conjunto de personagens centrais para as futuras capas de *Veja*: o bicheiro Carlinhos Cachoeira (que bancou a operação de grampo de Valdomiro), o araponga Jairo Martins (autor do grampo) e o jornalista Policarpo Júnior (autor da reportagem).

A história do Brasil começou a ser reescrita ali. Significou a quebra da blindagem do governo Lula e o início da mais pesada campanha midiática da história moderna.

As parcerias midiáticas

Sem a G Tech, Cachoeira tentou outros caminhos, especialmente no período 2007/2009. Associou-se ao argentino Roberto Copolla e uma empresa irlandesa, que explorava jogos no seu país e no Paraná. Seu plano era montar *offshores* no Uruguai e Curaçao para promover os jogos virtuais no Brasil.

É em período que Cachoeira descobre o enorme poder da mídia e a facilidade para montar parcerias.

O primeiro passo de Cachoeira foi procurar o Correio Braziliense, diário de Brasília. Ele precisava divulgar seu bingo eletrônico, mas a legislação proibia.

Acertou uma reportagem esperta. Supostamente, ela denunciava o jogo. Mas, divulgaria todas as informações que os jogadores precisavam: endereço, onde, quanto, como.

Os grampos da Operação Monte Carlos flagraram o bicheiro comemorando a reportagem e dando balanço do aumento de acessos e do lucro líquido.

O passo seguinte foi se aproximar de Policarpo Júnior, repórter policial de *Veja*. A primeira demanda – uma reportagem em *Veja*, nos moldes da que saiu no Correio Braziliense – não deu certo.

Outras parcerias vinham a caminho. E uma delas, a gravação de um pedido de propina de R$ 3 mil, foi o álibi para a operação que resultou no "mensalão". O que não foi revelado é que tudo não passou de uma jogada de *Veja* para beneficiar um grupo de contraventores de olho em jogadas nos Correios.

O araponga e o repórter

O primeiro registro da associação entre *Veja* e Cachoeira está numa reportagem de 2004, sobre a CPI de Cachoeira.

Em primeira investida fora do estado, no Rio de Janeiro, foi vítima de um achaque de um deputado fluminense, André Luiz, que exigia R$ 4 milhões para não o incluir em uma CPI do Bingo. Cachoeira grampeou a conversa com o delegado e encaminhou ao repórter policial Policarpo Jr, da *Veja*.

Na edição 1.878 de *3 de novembro de 2004*, *Veja* implodia com o denunciante e tratava Carlinhos Cachoeira como "empresário de jogos".

Trecho da matéria:

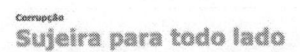

Corrupção
Sujeira para todo lado

Deputado que tentou extorquir 4 milhões de reais não agiu só. Fita mostra ação do presidente da CPI

Policarpo Júnior

Calazans, na cabeceira da mesa, de terno escuro: votação do relatório feita às pressas

Na semana passada, o deputado federal André Luiz, do PMDB do Rio de Janeiro, não tinha amigos nem aliados, pelo menos em público.

Seu isolamento deveu-se à denúncia publicada por VEJA segundo a qual o deputado tentou extorquir 4 milhões de reais do empresário de jogos Carlos Cachoeira. As negociações da extorsão, todas gravadas por emissários de Cachoeira, sugerem que André Luiz agia em nome de um grupo de deputados.

A fonte da matéria são "emissários de Cachoeira", o "empresário de jogos" que Veja transformou de investigado em vítima na mesma CPI.

Foi o início de uma das mais profícuas e escandalosas parcerias da história da mídia brasileira e que, por vias tortas, acabou explodindo no escândalo do mensalão.

Nas alianças políticas do governo Lula, os Correios foram entregues ao esquema do deputado Roberto Jefferson.

Em determinado momento, o esquema de Jefferson passou a incomodar lobistas que atuavam em várias empresas, dentre eles, o lobista Arthur Wascheck.

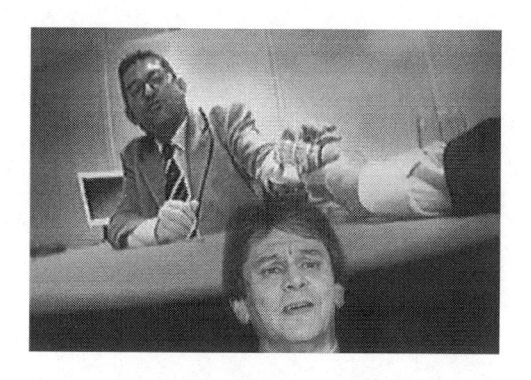

Este recorreu a dois laranjas, Joel dos Santos Filhos e João Carlos Mancuso Villela, para armar uma operação que permitisse desestabilizar o esquema de Jefferson, não apenas nos Correios, mas também na Eletrobrás e na BR Distribuidora.

O alvo escolhido foi Maurício Marinho, diretor menor e biscateiro de pequenas propinas.

A ideia seria Joel se apresentar a Marinho como representante de uma multinacional, negociar uma propina e filmar o flagrante.

Como não tinham experiência com gravações mais sofisticadas, teriam decidido contratar o araponga Jairo Martins.

Jairo foi convidado para um almoço pelo genro de Carlinhos Cachoeira, Casser Bittar.

Lá, foi apresentado a Wascheck, que o contratou para duas tarefas: providenciar material e treinamento para que dois laranjas grampeassem Marinho; e a possibilidade de o material ser publicado em um órgão de circulação nacional.

Imediatamente Jairo entrou em contato com Policarpo e acertou a operação. O jornalista não só aceitou a parceria, antes mesmo de conhecer a gravação, como avançou muito além de suas funções de repórter: atuou como uma espécie de diretor de cena da gravação.

O grampo em Marinho foi gravado em um DVD. Jairo marcou, um encontro com Policarpo, foi um encontro reservado, eles jamais se falavam por telefone, segundo o araponga. Policarpo levou um mini-DVD, analisou o material e considerou que a gravação ainda não estava no ponto, que havia a necessidade de mais.

Recebeu a segunda gravação, achou que estava no ponto. e guardou o material na gaveta, aguardando a autorização do araponga, mesmo sabendo que estava se colocando como peça passiva de um ato de chantagem e achaque.

Wascheck tinha, agora, dois trunfos nas mãos: a gravação da propina de R$ 3 mil e um repórter da maior revista do país, apenas aguardando a liberação para publicar a reportagem.

Quando saiu a reportagem, a versão de que o repórter havia recebido o material na semana anterior era falsa e foi desmentida pelos depoimentos prestados por ele e por Jairo à Polícia Federal e à CPI do Mensalão.

Pressionado pelo eficiente relator Osmar Serraglio, na CPI do Mensalão, Jairo negou ter recebido qualquer pagamento de Wascheck. Disse ter se contentado em ficar com o equipamento, provocando reações de zombaria em vários membros da CPI.

Depois revelou outros trabalhos feitos em parceria com a *Veja*. E garantiu que sua função não era de araponga, mas de jornalista. O único órgão onde seus trabalhos eram publicados era a *Veja*. Indagado pelos parlamentares se recebia alguma coisa da revista disse que não, que seu objetivo era apenas o de "melhorar o pais".

Segundo o depoimento de Jairo:

> 'Aí fiquei esperando o OK do Artur Washeck pra divulgação do material na imprensa. Encontrei com ele pela última vez no restaurante, em Brasília, no setor hoteleiro sul, quando ele disse: 'Eu vou divulgar o fato. Quero divulgar'. E decorreu um período que essa divulgação não saía. Aí foi quando eu fiz um contato com o jornalista e falei: 'Pode divulgar a matéria''.

O deputado Roberto Jefferson, no entanto, imaginou que a denúncia havia sido montada por José Dirceu. Em represália, concedeu entrevista à Folha, que foi o ponto de partida para o processo do "mensalão".

O final da história

Parte da história terminou em *agosto de 2007*. Sob o título "PF desmonta nova máfia nos Correios"[16], o Correio Braziliense noticiava o desbaratamento de uma nova quadrilha que tinha assumido o controle dos Correios[17].

No comando, Arthur Wascheck, o lobista que ascendera ao poder graças à parceria com *Veja*.

Durante a Operação Selo, foram presas cinco pessoas em dois estados mais o Distrito Federal.

De acordo com os investigadores, "o grupo agia como traficantes nos morros".

> "Havia uma quadrilha na ECT (Empresa de Correios e Telégrafos), que foi desbaratada e afastada. A outra organização tomou o lugar dela. Assim como os traficantes fazem, quando saem, morrem ou são presos, acontece a mesma coisa no serviço público. Quando uma quadrilha sai do local, entra outra e começa a praticar atos ilícitos no lugar da que saiu", explica o delegado Daniel França, um dos integrantes do grupo de investigação.

---

[16] (https://goo.gl/LByQAg)
[17] (Luiz)

A corrupção tinha apenas trocado de mãos.

O empresário, conforme os investigadores, atuava na área de licitações desde 1994, sendo que um ano depois ele fora condenado por irregularidades em licitação para aquisição de bicicletas pelo Ministério da Saúde.

O valor das fraudes chegava a milhões de reais.

Segundo a polícia, o grupo de Wascheck vendia todo tipo de material para os Correios, de sapato a cofres, sendo que muitos integrantes do esquema eram também procuradores de outras empresas envolvidas nas concorrências.

Nas edições seguintes de *Veja*, nenhuma menção à operação da PF, mas uma das matérias da edição de *15 de agosto de 2007* atendia pelo sugestivo título de "Porque os corruptos não vão presos"

A reportagem falava do mensalão, insinuando que os implicados até melhoraram de vida, mencionando símbolos midiáticos de corrupção (Quércia, Maluf, Collor etc). Nenhuma palavra sobre a Operação Selo e sobre o papel desempenhado pelas reportagens de escândalo da própria revista no jogo das quadrilhas dos Correios, que permitiu a ascensão da quadrilha de Wascheck.

Surge o mosqueteiro do bem, show de bola

A parceria entre *Veja* e Carlinhos Cachoeira obedeceu a todos os requisitos encontrados em organizações criminosas. Conforme constatou o relatório final da CPMI (Comissão Parlamentar Mista de Inquérito) sobre o tema,

> *"a complexa Organização Criminosa chefiada por Carlos Cachoeira estava em sereno e profícuo processo de expansão e, para assegurar a perenidade de sua atuação e a impunidade de suas ações, já havia cooptado diversos agentes públicos e políticos (...)*
>
> *O pleno êxito das atividades criminosas, contudo, dependia de outros fatores, que o grupo buscou rapidamente superar, quais sejam: promoção e divulgação nos meios de comunicação das*

atividades ilícitas da quadrilha (jogos eletrônicos na Internet); eliminação ou inviabilização da concorrência (empresas adversárias); e, desconstrução de imagens e biografias (de adversários políticos)".

O modelo de atuação obedeceu a uma estratégia habilidosa:
1. Cachoeira ajudou a eleger o senador Demóstenes Torres.
2. *Veja* alçou-o à condição de cruzado contra a corrupção.
3. Com a reputação conquistada, Demóstenes passou a influenciar órgãos do governo e do Judiciário em negócios de interesse de seus dois parceiros.

Na edição de *4 de junho de 2007*, a reportagem assinada por Otávio Cabral e Alexandre Oltramari dava início ao processo de construção da imagem do novo paladino da ética: o senador Demóstenes Torres.

O título era consagrador – "Os Mosqueteiros da Ética" – colocando Demóstenes ao lado de aliados da revista de melhor reputação, como Fernando Gabeira, os senadores Pedro Simon, Jarbas Vasconcellos e Jefferson Peres.

A revista estava, na época, em uma cruzada inclemente contra o presidente do Senado Renan Calheiros. Os mosqueteiros eram apresentados como "sentinelas avançadas da sociedade brasileira".

Demóstenes era tratado como "o incansável senador (...)".

> "No Conselho de, digamos assim, Ética do Senado, ele é uma das únicas vozes a exigir investigações sérias e denunciar as manobras para absolver sem apurar. Demóstenes Torres entende o que muitos senadores fazem questão de não ver: o Senado está se desmoralizando numa velocidade avassaladora. A esperança que resta é que esse pequeno conselho de mosqueteiros consiga derrotar as malandragens do grande Conselho de, digamos assim, Ética do Senado".

O panegírico maior foi uma entrevista de páginas amarelas, em *8 de junho de 2011*, quando as relações de Demóstenes com Cachoeira já eram de pleno conhecimento da *Veja*.

Sob o título "Só nos sobrou o Supremo", o intertítulo informava que "o combativo parlamentar diz que o Congresso age bovinamente, o TCU está sob fogos e os promotores cansados, situação que põe em risco do estado de direito no Brasil".

Na apresentação a revista discorria sobre as qualidades do entrevistado. Demóstenes

> "Não nega o rótulo de direitista (...) Com o mesmo vigor com que levanta a voz contra o governo, também combate as políticas de cotas raciais para o ingresso nas universidades e a expansão irrestrita de programas assistencialistas, como o Bolsa Família".

Era tão grande a influência de Demóstenes sobre a mídia que compareceu a uma audiência pública do STF para criticar as cotas raciais. Seu desempenho foi criticado em reportagem da *Folha*. E o jornal abriu espaço para o *ghost writer* de Demóstenes no discurso, geógrafo Demétrio Magnolli, desancar os dois repórteres autores da matéria com acusações pesadas nas páginas do próprio veículo em que trabalhavam.

A entrevista de Demóstenes à *Veja* foi um jorro de preconceitos e ideias conservadoras. A segurança pública deveria ser montada sem tantos benefícios aos detentos. A frouxidão penal era responsável pelo aumento da criminalidade. A criminalidade só cedia se alvo da aplicação de políticas convencionais rigorosas.

A entrevista foi saudada euforicamente no bunker de Cachoeira, entre conversas sobre produtos piratas entre Cláudio, o lobista da Delta e o Cachoeira, grampeadas pela Polícia Federal (Federal):

> CLAUDIO - ..."o Combativo Parlamentar diz que o Congresso age bovinamente, o TCU está sobre fogos, os promotores cansados, situação que põe em risco o Estado de direito do Brasil". Mole, cara?
> CARLINHOS - É foda mesmo viu! Fala bem aí?
> CLAUDIO - E muito bem,
> CARLINHOS - Você não comentou
> CLAUDIO - e o amigo lá, o Inspetor da Receita hem, me ligando, me parabenizando e agradecendo, me convidando e o pessoal no cerimonial ligando pra me colocar lá no estande de autoridades na destruição dos produtos piratas
> CARLINHOS - Você que mais traz né, cara?
> CLAUDIO - Como é que é?
> CARLINHOS - Você é quem mais traz
> CLAUDIO - Faz o que, o viado?
> CARLINHOS - Você é o que mais traz
> CLAUDIO - Que mais traz?
> CARLINHOS – É, uai!
> CLAUDIO - Mas eu trago produtos piratas, porra?
> CARLINHOS – Ah, pirata não, você traz os produtos, né (...)
> CLAUDIO – É, show de bola aqui viu, bicho, show de bola, (Demóstenes) tá falando bem cara. Eu li a reportagem aqui no IPAD.

A partir daí, inaugurou-se uma era de reportagens escandalosas, frutos da parceria com Carlinhos Cachoeira.

O grampo no apartamento de Dirceu

Na edição de 31 de agosto de 2011, Veja divulgou vídeos gravados clandestinamente no apartamento do Hotel Nahoum, que o ex-Ministro da Casa Civil José Dirceu utilizava como escritório.

Virou matéria de capa, "O poderoso chefão", com Dirceu com óculos escuros.

Na capa dizia que Dirceu conspirava contra o governo de Dilma Rousseff.

Avançava em mais especulações. Dizia que Dirceu articulou 45 horas de reuniões para planejar a demissão do então Ministro da Casa Civil Antônio Palocci.

De concreto, havia fotos de vídeos com autoridades recebidas por Dirceu. Em cima das fotos, criou-se o roteiro.

Horas antes da demissão de Palocci, Dirceu recebeu três senadores do PT: Delcídio Amaral, Walter Pinheiro e Lindbergh Farias. *Logo*, só poderia ter tratado da demissão de Palocci, conclui a revista. Pouco antes da indicação de Gleise Hoffmann para o cargo, Dirceu recebeu o então Ministro Fernando Pimentel. *Logo*, só poderiam estar planejando a troca de Ministros. Assim, sem nenhuma informação adicional, apenas juntando fatos do momento, técnica primária de falsificar correlações, que seria abundantemente empregada na Lava Jato.

No QG de Cachoeira, todos esperavam a contrapartida prometida por Policarpo Júnior: uma reportagem sobre o jogo eletrônico pela Internet, mesmo que fosse nos moldes da que saiu no Correio Braziliense, criticando o jogo, mas dando todas as dicas sobre onde jogar.

Foi esse o acordo firmado com Policarpo Junior por Cachoeira, quando o repórter procurou o araponga Jairo Martins para obter imagens do hotel.

No dia *2 de agosto de 2011*, Jairo Martins e Policarpo (vulgo Caneta) encontram-se no Parque da Cidade.

> JAIRO – *Oi*
> POLICARPO – *Opa, tudo bem?*
> JAIRO – *Tranquilo?*
> POLICARPO – *Tá na área?*
> JAIRO – *Tô*
> POLICARPO – *Tá de serviço hoje?*
> JAIRO – *Tô não*
> POLICARPO – *Vamos comer um bife mais tarde?*
> JAIRO – *A que horas?*
> POLICARPO – *Que horas você pode?*
> JAIRO – *Pra mim, depois do meio-dia está tranquilo.*
> POLICARPO – *Vamos marcar meio-dia e meia?*
> JAIRO – *Pode ser*
> POLICARPO – *Onde, hein?*
> JAIRO – *Cê que sabe*

Terminada a ligação, Jairo ligou imediatamente para Cachoeira para informar que o acordo está quase fechado:

> JAIRO – *Deixa eu te falar. Tem uns 15 minutinhos, o Caneta me ligou aqui, ta. Pra mim almoçar com ele 15 pra uma. A respeito daquela, daquela matéria lá, tá?. Que tá pronta. Que só fala comigo.*

CARLINHOS – *Ah, excelente. Ai se me posiciona ai. Brigado*
Mais tarde Jairo liga para Cachoeira indignado com a falta de palavra de Policarpo, que prometera não utilizar as imagens enviadas. Pede para que Carlinhos obtenha a autorização do chefe do esquema no hotel:
CARLINHOS – *E ai, JAIRO, o que que ele queria?*
JAIRO – *Como sempre queriam fuder a gente, né? É, diz que tem uma puta de uma matéria, né? Pra daqui a duas semanas, que naquele período que ele me pediu, o cara recebeu 25 pessoas lá, sendo que 5 pessoas assim importantíssima, mas pra sustentar a matéria dele, ele tem que usar as imagens, entendeu? Que era o combinado era não usar, né?*
CARLINHOS – *As imagens lá do hotel?*
JAIRO – *É, as imagens das pessoas. entendeu?*
CARLINHOS – *É, se ele combinou tem que cumprir, né?*

Na conversa, avaliam a importância do material enviado para a revista.

CARLINHOS – *E o que é, basicamente? É o JD recebendo o pessoal lá e comemorando a queda do outro?*
JAIRO – *É, a importância influencia dele nos momentos de crise (...) todo mundo vem pedir a benção dele.*
Cachoeira acaba acertando com Jairo as imagens
CACHOEIRA – *Vou almoçar com ele aqui. Se der algum acordo aqui faz mal ele publicar?*
JAIRO – *Avalia aí, cara. A minha preocupação é só o meu colega. A preocupação dele é o emprego. O resto...*
CACHOEIRA – *Mas será que cai nele?*
JAIRO – *Pode ser que sim, pode ser que não. Tem rastro né? Tem mais gente que mexe.*
CACHOEIRA – *Entendi. Vou ver aqui e te falo. Um abraço. Vou mandar ele tacar o pau.*
JAIRO – *Tá, vê aí*

Acabam encontrando um modo: alegar que deu pau na fita e mandar consertar

JAIRO – *Oi*
CACHOEIRA – *Ele te ligou mais, não?*
JAIRO – *Não, só naquela hora. Saí já do colega lá. Só precisa gente ver um detalhezinho (ininteligível), aquela situação, mas acho que vai dar certo. Só precisa ver um detalhezinho ele lá.*
CACHOEIRA – *Qual que é? Pra ver se não consegue pegar ele?*
JAIRO – *Isso. Talvez ele "dê um pau", entendeu?*
CACHOEIRA – *Ah, melhor. E manda pra "consertar", entendeu?*

JAIRO – Isso que a gente pensou. Eu dei aquela segurança pra ele, se acontecer alguma coisa. Ele só pediu até amanhã, talvez dê um pau lá.
PAULO ABREU – Qual é... quem é vai sair na próxima VEJA agora?
JAIRO – ZÉ DIRCEU, ZÉ DIRCEU.
PAULO ABREU – Beleza. Só queria ouvir isso aí. Abraço. A gente se fala, hei. Dez e meia lá.
JAIRO – Falou, abraço.

E seguida, Cachoeira informa o senador Demóstenes Torres, que julga "fantástico" o resultado.

CARLINHOS – Ô DOUTOR.
DEMÓSTENES – Fala PROFESSOR, e ai? Tranquilo?
CARLINHOS – Beleza, novidade ai?
DEMÓSTENES – Uai, nada, liguei fiquei o dia inteiro fora do ar ai, saber se tem alguma coisa.
CARLINHOS – Não, só o POLICÁRPIO que vai estourar ai, o JAIRO arrumou uma fita pra ele lá do hotel lá, onde o DIRCEU, DIRCEU, é, recebia o pessoal na época do tombo do PALOCCI ai, ai ele vai demonstrar, mas não vai ser esse final-de-semana não, tá? Vai ser umas duas vezes ai pra frente, que ele planejou a queda do PALOCCI também, recebia só gente graúda lá, tá? Isso quer dizer que os momentos importantes da República, o DIRCEU que comanda.
DEMÓSTENES – Exatamente, ai é bom demais, uai, o que que é isso?
CARLINHOS – É vai sair aí, já falou com o JAIRO, hoje almoçou com o JAIRO, e perguntou com o JAIRO se podia, quando for estourar, por, por a fita na veja online e o JAIRO veio perguntar pra mim, ai eu falei pra ele: "não, deixa não, manda ele pedir pra mim".
DEMÓSTENES – Exatamente, é claro ué. Ai não, né? Ai ninguém guenta, né?
CARLINHOS – É mas ai vai mostrar muita coisa, viu? Ai vai por fogo ai na REPÚBLICA, porque vai jogar o PALOCCI contra ele, porque ai vai vir cenas né? Dos nego procurando o DIRCEU no hotel.
DEMÓSTENES – Exatamente, ai é ótimo, fantástico

A revista acabou não dando a contrapartida, a matéria dos bingos eletrônicos.

Houve uma denúncia de invasão de domicílio que acabou flagrando o repórter Gustavo Ribeiro.

No dia 24 de agosto de 2011, jejuno no tema, o repórter tentou invadir o apartamento de Dirceu. Gerou um inquérito na 5ª Delegacia de Polícia Civil do Distrito Federal, que constatou a tentativa de invasão.

A alegação do repórter foi de que apenas tentou conferir se Dirceu estava hospedado lá, mas acabou confessando ter tentado entrar em ambiente privado.

Foi ouvida uma camareira que contou que Gustavo pediu para que ela abrisse o quarto, dizendo-se o ocupante do apartamento e que esquecera as chaves do lado de dentro. A camareira não foi na conversa.

Foi ouvido também o responsável pela segurança do hotel. O material foi remetido ao Juizado Especial Criminal de Brasília que absolveu o repórter alegando que, graças à camareira, não se consumou o crime.

Os esquemas com empreiteiras

A aproximação entre a Construtora Delta e Cachoeira ocorreu em 2005.

Era uma empresa de 40 anos que tinha se consolidado no Rio de Janeiro nas gestões Garotinho, Rosinha Garotinho e Sérgio Cabral e junto ao DNIT (Departamento Nacional de Infraestrutura de Transporte).

A empreiteira montou escritório em Goiânia e designou para dirigi-lo Cláudio Abreu, executivo com relações antigas com Cachoeira.

O primeiro desafio que Cachoeira colocou para a Delta foi no mercado de lixo. As empresas de Cachoeira não dispunham de know how. A Delta também não tinha, mas tinha credibilidade.

Em 2006, Cachoeira abriu a porta para a Delta entrar na prefeitura de Palmas, falsificando um certificado de capacidade técnica. Aberto o caminho, Cachoeira-Delta passaram a controlar o lixo no centro-oeste. E entraram em São Paulo na gestão Gilberto Kassab.

A parceria Cachoeira-Delta tornou-se promissora. A partir de 2011, a importância de Cachoeira torna-se tão relevante que a Delta Centro-Oeste o torna sócio, com 45% da companhia.

Há um diálogo com o governador de Goiás, Marconi Perillo, no qual Cachoeira se mostra indignado com determinada atitude do governador que estaria prejudicando seu negócio. Aí Marconi intercede e diz que "aquilo lá é seu". Na sequencia vê-se que é a Delta que assume o botim, confirmando a associação.

Quando a Delta se sentiu prejudicada em suas relações com o DNIT, Cachoeira recorreu à *Veja*.

Contrariados, porque a empresa Delta não seria beneficiada em uma licitação para pavimentação de uma rodovia federal, Cachoeira e Cláudio Abreu denunciam para Policarpo Junior um encontro que haveria entre as empresas que supostamente dividiram lotes e trechos para a realização da obra, sem a participação, como dito, da empresa Delta.

No dia 29 de junho de 2011, Cachoeira convoca Policarpo para que encontre "aquele amigo", Cláudio Abreu, da Delta.

> CARLINHOS - Tenho uma informação quentíssima. Encontra aquele amigo
> POLICARPO - Qual deles?
> CARLINHOS - Aquele, rapaz, Delta
> POLICARPO - Ah, tá
> CARLINHOS - Lá onde você viu o Stepan, pode ser?
> POLICARPO - Pode...quando?
> CARLINHOS - Agora. Vai ter uma reunião amanhã uma hora da tarde e você lá
> POLICARPO - Tá bom
> CARLINHOS - Vai pra lá agora
> POLICARPO - Estou indo agora

Cláudio vai ao encontro e volta entusiasmado:

> CARLINHOS – Teve com o Policarpo aí?
> CLÁUDIO – Cara, show de bola. Achei que ele ia me dar um beijo.
> CARALINHOS – Ele gostou?
> CLÁUDIO – Pra caramba, né amigo? Você é uma fonte de primeira.
> CARLINHOS – Que que ele falou? Que que é o negócio?
> CLÁUDIO – Vai ter uma reunião no Paraná, em Curitiba, dos assuntos da ANEOR, licitação da BR-080. 70 empresas vão estar na reunião. Aí mandei o pessoal da Delta sair, porque não vamos participar da obra e falei pra eles não ir lá. Ele falou 'porra, tem jeito de ir lá?'. Falei você infiltra lá e grava a conversa. Vão sortear duas obras. Ele tem que falar que é de uma empreiteira, que fez a caução.
> CARLINHOS – Exatamente. Ele falou que vai fazer o trem?
> CLÁUDIO – Falou que vai mandar gente
> CARLINHOS – Tá. Vai matar a pau

Em seguida, avisa Demóstenes:

> CARLINHOS – Amanhã que horas você chega aqui
> DEMÓSTENES – Devo chegar aí...vou pegar uma carona com Zé Elinton...deve ser umas quatro da tarde.

CARLINHOS – Então tá bom. Passei um trem pro Policarpo hoje que ele vai bamburrá, viu?
DEMÓSTENES – Bom demais. O que é?
CARLINHOS – Guarda pra nós aí, porque ele vai infiltrar lá. Vai ter uma reunião da ANEOR, sindicato dos empreiteiros, mais de 70 empresas lá, e eles distribuindo obras. Ele vai infiltrar lá dentro.
DEMÓSTENES – Show de bola. Aí é supercraque. Vai ser de arrebentar
CARLINHOS – Amanhã, uma e meia da tarde. Não comenta com ninguém não. Ele vai com filmadora e tudo
DEMÓSTENES – Bom demais. E ele tem aquele jeitão de empresário, vai ser ótimo.
CARLINHOS – Amanhã a gente se fala.

O mensalão do PR

A matéria foi publicada na edição de 2 de julho de 2011, interrompendo a obra. Foi uma demonstração maiúscula do poder de fogo de Cachoeira e da Delta.

O intertítulo era forte:

"A presidente Dilma Rousseff diz que o Ministério dos Transportes está sem controle, que as obras estão com os preços inflados e anuncia uma intervenção na pasta comandada pelo PR – que cobra 4% de propina das empresas prestadoras de serviços".

A reportagem trazia detalhes da reunião de Dilma com dirigentes do Ministério e do DNIT.

O bunker de Cachoeira tornou-se pura festa:

> CLÁUDIO – Rapaz, o Junior amigo nosso de Brasília é mais forte que Aldrin 40
> CARLINHOS – Não, o que ele falou? Foi boa?
> CLÁUDIO – Agora, 15 horas e 12 minutos: a presidente Dilma Rousseff convoca ministro dos Transportes e manda afastar todos os citados na reportagem da Veja
> CARLINHOS – É mesmo? A reportagem saiu e ela já mandou afastar todo mundo?

CLÁUDIO – Já mandou afastar todo mundo. Entra no site do UOL pra você ver. matéria ficou boa pra caralho. E ele citou a reunião, cara
CARLINHOS – Você é forte hein Cláudio?
CLÁUDIO – Você é que é forte. Ainda bem que sou seu amigo. Já mandei mensagem pra ele... manda uma pra ele... ele tem um Viber. Mandei assim: 'sua matéria já deu repercussão. Você é mais forte que Aldrin 40'. Ele respondeu 'já, já teve repercussão?'. Falei 'já, veja site do UOL'. Ele falou 'vou ver, abraço'.
CARLINHOS – Ele já viu, rapaz, aquilo é malandro.

Na edição seguinte, a Carta ao leitor de Veja saudava a demissão sumária da cúpula do Ministério dos Transportes. "Ação fulminante", dizia que a presidente Dilma agiu com rapidez e, com isso, abriu caminho para que a intolerância com a corrupção deixe de ser episódica e se torne regra.

Na mesma edição, a revista publicou a matéria "Crime contra o jornalismo", informando que a revelação de uso de espionagem e quebra de sigilo de pessoas comuns provocou o fechamento de um tradicional tabloide londrino, de propriedade de Rupert Murdoch "levou os oportunistas de sempre a questionar a liberdade de expressão".

A denúncia da Delta foi publicada na edição de 2 de julho de 2011, interrompendo a obra. Foi uma demonstração maiúscula do poder de fogo de Cachoeira e da Delta.

As escolas chinesas

Um dos modelos trabalhados na parceria Veja-Cachoeira era a revista criar uma expectativa em relação a determinado tema de interesse do bicheiro, estimulando alguma demanda pública para a qual Cachoeira já estivesse preparado para suprir.
Foi o caso do modelo de escolas chinesas.
No dia 7 de julho de 2011 Cachoeira vende seu peixe para Policarpo.

> CACHOEIRA – Oi, pode falar aí?
> POLICARPO – Posso
> CACHOEIRA – Deixa te falar... tem um secretário de Educação aqui em Goiás que está fazendo uma revolução na Educação, entendeu?
> POLICARPO – Hâ hã
> CACHOEIRA – Acho interessante vocês verem o trabalho dele, sabe? Com quem que ele vê isso?

Quase um mês antes, no dia 9 de junho de 2011, Cachoeira detalhou o projeto para Greyb Ferreira da Cruz, um de seus principais auxiliares.

> CARLINHOS – Rapaz, tem um negócio bom aí, viu? Vamos falar com o menino amanhã. Ele tá aí, da China?
> GLEYB – O Alex cê fala? Qual deles, o nosso, ou lá de cima, de São Paulo?
> CARLINHOS – O Alex, da China.
> GLEYB – Tá, tá na mão. Todo dia ele pergunta porque ele queria que a gente financiasse aquele negócio dos 250, e eu tô dando uma empurrada. Agora dá uma segurada porque tem coisas em primeiro plano.
> CARLINHOS – Então vamos falar com ele amanhã. Vamos fazer escola. Surgiu um negócio bom demais. Vamos fazer escola. Já manda ele olhar lá. Aquele modelo de escola lá, entendeu?

> GLEYB – Entendi. Pode enquadrar naquela da casa. Você chegou a ver aquela outra de dois andares?
> CARLINHOS – Não. É boa?
> GLEYB – Boa demais. Parece hotel. Já vou pedir pra ele olhar para amanhã estar com isso na mão.
> CARLINHOS – Escola! Não comenta com ninguém não, mas o Thiago vai passar os modelos pra nós, tá? Vai alugar várias escolas no Estado, entendeu? Vamos construir porque na hora que sair está pronta, é só oferecer.
> GLEYB – Perfeito. Ótima ideia. Vou ligar pra ele agora.
> CARLINHOS – Manda ele pegar lá... de escola. Mas não fala pro cara que é do secretário.
> GLEYB – Não, só vou falar que é para ver o modelo que a gente quer dar uma olhada.

No dia 7 de julho de 2011 Cláudio Abreu está com Policarpo e Cachoeira insiste para ele reforçar a ideia do projeto:

> CACHOEIRA – Vê os negócios aí. O Thiago está fazendo uma revolução na Educação aqui, manda ele designar um repórter pra cobrir.
> CLÁUDIO – Ele tá no telefone. Vou falar pra ele.
> CACHOEIRA – Beleza. Agora cê passou a ser fonte, hein Cláudio?
> (...)
> CLÁUDIO – Falar o que pra ele?
> CACHOEIRA – Que o Thiago está fazendo uma revolução aqui em Goiás, rapaz, se não vale a pena cobrir. Voltou 14 mil professores que estavam fora pra sala de aula e está fazendo projeto com a Gerdau, que vai lançar agora, e vai revolucionar a educação em Goiás.
> CLÁUDIO – Coisa importante pra caraio, hein? Ele acabou a ligação aqui, vou falar pra ele.
> CACHOEIRA – Tá bom.

Na edição de *21 de dezembro de 2011* foi publicada matéria de capa da *Veja*.

Sob o título "A arma secreta da China" e o subtítulo "A educação de qualidade e baixo custo para milhões é o verdadeiro segredo dos chineses em sua corrida para a liderança mundial".

Assinada por Gustavo Ioschpe, era uma extensa reportagem dividida em sete capítulos. Na edição online, Ioschpe descreve o que é a construção da escola chinesa.

> Os prédios são parecidos com os de muitas escolas brasileiras, ainda que um pouco mais verticalizados. As escolas têm três ou quatro andares. São escolas grandes, a maioria com mais de mil alunos. O sistema chinês é dividido em três níveis: o "Elementary", do 1º ao 6º ano; "Middle", do 7º ao 9º, e o "High School", de três anos. Em Xangai há uma leve alteração: 5-4-3 ao invés de 6-3-3.
>
> Não visitei nenhuma escola que tivesse os três níveis. A maioria tinha apenas um nível, ou no máximo dois (middle e high). Em algumas escolas cada série ocupava um andar. Essa organização do espaço é relevante. Pois em cada andar há uma sala de professores, e essa divisão permite que professores das mesmas séries estejam em contato frequente e tenham a formação do seu grupo de estudos facilitado. A sala de professores não tem nada a ver com esse espaço social e descontraído dos colégios brasileiros: em Xangai, cada professor tem o seu cubículo, em que guardam livros e materiais de sua disciplina e onde também há um computador, onde preparam o material de aula (sempre da marca Lenovo, empresa chinesa que adquiriu o negócio de PCs da IBM).

Ioschpe também atuava como consultor da Secretaria de Educação de Goiás.

O assassinato de reputação do Ministro dos Esportes

Na edição de 19 de outubro de 2011, com o título "O Ministro recebia o dinheiro na garagem", *Veja* procedia a mais um assassinato de reputação.

A vítima era o Ministro dos Esportes Orlando Silva, do PCdoB, alvo anteriormente do mais ridículo factoide desses tempos cinzas: a "denúncia" de que comprara uma tapioca com cartão de crédito corporativo.

A revista atribuía a denúncia a um militante do PCdoB. O policial militar João Dias Ferreira, "revela detalhes de como funciona a engrenagem que, calcula-se, pode ter desviado mais de 40 milhões de reais nos últimos oito anos".

Segundo a reportagem, de autoria de Rodrigo Rangel, "o relato do policial impressiona pela maneira rudimentar como o esquema funcionava".

Para dar mais molho à denúncia, segundo a revista "o militar conta que Orlando Silva chegou a receber, pessoalmente, dentro da garagem do Ministério dos Esportes, remessas de dinheiro vivo provenientes da quadrilha".

Policial Militar, Ferreira entrou na política em 2006, foi candidato derrotado a deputado distrital do Distrito Federal e acumulou um património injustificado para um PM com salário de R$ 4,5 mil: três apartamentos pequenos, uma casa grande e três academias de ginástica.

Ele recebera dinheiro do Ministério para implementar dois projetos, pela Federação Brasiliense de Kung Fu e pela Associação João Dias de Kung Fu. Na hora da prestação de contas, a auditoria do Ministério dos Esportes constatou desvio de R$ 1 milhão. João Dias tornou-se alvo de uma Tomada de Contas Especial (TCE), procedimento que prevê até o confisco de bens dos responsáveis.

Em 2010, como resultado das investigações João Dias chegou a ser preso. E passou a responder por desvio de conduta na Polícia Militar de Brasília.

Para a revista, apresentou uma versão totalmente fantasiosa.

Segundo ele, sobrou R$ 1 milhão do convênio firmado e "estava em trâmite para ser devolvido à União". Aí,

> "me disseram que estavam precisando daquele dinheiro para botar na campanha. Eu autorizei meu coordenador a geral a tratar disso direto com o pessoal do ministério, desde que eles ficassem responsáveis. Foram feitas as transferências para as empresas que o partido indicou. O valor foi sacado e entregue ao esquema".

Sentindo-se traído ele teria invadido armado a Secretaria Nacional de Esporte Educacional, dado coronhadas no Secretário, virado a mesa em cima dele. Um certo Célio Soares, apresentado como espécie de faz-tudo do esquema, informou ter ido várias vezes à garagem do Ministério levar dinheiro da propina.

O factoide fez com que o Procurador Geral da República, Roberto Gurgel, um procurador geral totalmente conduzido por manchetes, pedisse abertura de inquérito contra Orlando Silva e seu antecessor, Agnelo Queiroz, governador do Distrito Federal, em cuja gestão, no Ministério dos Esportes, o convênio foi assinado.

Na edição seguinte *Veja* voltou ao ataque. Outra reportagem de Rodrigo Rangel, dizendo ter tido acesso a "uma reveladora conversa entre o policial João Dias e dois assessores do Ministro". Em um texto rococó, repleto de anáforas, mostra-se uma gravação no qual assessores do Ministério – na gestão Agnelo Queiroz – tentam encontrar uma saída para problemas de prestação de contas das ONGs de Dias.

Entre 15 e 27 de outubro o factoide rendeu uma centena e meia de artigos na velha mídia.

De réu, João Dias tornou-se celebridade instantânea, com direito a reportagem no Fantástico e entrevistas seguidas em sua mansão no Condomínio Vivendas Bela Vista.

O alarido levou a Ministra Carmen Lúcia, do STF, outra Ministra movida a manchetes, a autorizar o inquérito contra Orlando Dias.

As matérias de *Veja* suscitaram uma avalanche de denúncias vazias, a mais retumbante das quais foi uma reportagem da UOL acusando Orlando Silva de jogada na compra do terreno de um condomínio em Campinas.

Retrato acabado da perda de qualidade da imprensa, a reportagem conseguiu o feito de criar suspeitas conflitantes.

Orlando adquirira um terreno mal localizado em um condomínio de Campinas. Por ser mal localizado, o preço foi menor do que o dos terrenos bem localizados. O que era uma questão banal, comprou o terreno mais barato, devido ao fato de estar ao alcance de suas posses, foi transformada pela prestidigitação jornalística em duas suspeitas:

1. Por que, havendo no condomínio terrenos mais bem localizados, Orlando escolheu um terreno mal localizado? Obviamente, por ser mais barato.

2. Por que pagou pelo terreno um preço inferior ao de outros terrenos do condomínio? Obviamente porque era mal localizado.

Onde estava o golpe? Pagou um preço inferior por um terreno de localização inferior. Simples assim.

Perto do condomínio passa um oleoduto da Petrobras. Segundo a UOL, a jogada só poderia ser a de Orlando adquirir o terreno aguardando uma futura desapropriação para ampliação do oleoduto da Petrobras.

Pouco tempo depois, em 7 de dezembro de 2011, João Dias invadiu o Palácio do Buriti, sede do governo do Distrito Federal, agrediu o secretário de governo Paulo Tadeu e foi preso.

Em 5 de julho de 2013 João Dias foi aposentado da PM por "incapacidade para o serviço". No dia 26 de novembro de 2013 foi preso suspeito de receptação dolosa qualificada[18].

Naquele período tenebroso, ao sair de uma palestra fui abordado por uma senhora. Apresentou-se como a sogra de Orlando Silva e agradeceu os artigos que escrevi em defesa do genro. Seu desabafo mostrou a extensão dos danos que irresponsabilidades daquele tipo causam nas vítimas e em seus familiares:

– Cada artigo seu que saía em defesa do Orlando a gente mandava para nossos familiares, para mostrar que Orlando não é desonesto.

---

[18] https://goo.gl/yGwKud

Os furos de Carlinhos Cachoeira

Quando a CPMI de Carlinhos Cachoeira divulgou os grampos levantados pela Operação Monte Carlo, da Polícia Federal, foi possível identificar a maioria das matérias plantadas por ele na *Veja*, porque estavam justamente entre as mais ostensivamente falsas.

Do grampo da PF

> CACHOEIRA – Jairo, põe um trem na sua cabeça. (...) os grandes furos do Policarpo fomos nós que demos, rapaz. Todos eles fomos nós que demos (...).
> CACHOEIRA – Eu fiquei puto porque ontem ele xingou o Dadá tudo pro Cláudio, entendeu? E você dando fita pra ele, entendeu? (...)
> CACHOEIRA – Agora, vamos trabalhar em conjunto porque só entre nós, esse estouro aí que aconteceu foi a gente. (...) Limpando esse Brasil, rapaz, fazendo um bem do caralho pro Brasil, essa corrupção aí. Quantos já foram, rapaz. E tudo via Policarpo.

As digitais do bicheiro e seus associados, incluindo o senador Demostenes Torres, estão nos principais furos da Sucursal de Brasília ao longo do governo Lula: os dólares de Cuba, o dinheiro das FARC para o PT, a corrupção nos Correios, o espião de Renan Calheiros, grampo sem áudio, o "grupo de inteligência" do PT.

O que essas matérias tinham em comum:

1) A origem das denúncias é sempre nebulosa: "um agente da ABIN", "uma pessoa bem informada", "um espião", "um emissário próximo".

2) As matérias sempre se apoiam em fitas, DVDs ou cópias de supostos relatórios secretos – que nem sempre são apresentados aos leitores, se é que existem.

3) As matérias atingem adversários políticos ou concorrentes nos negócios de Cachoeira e Demostenes Torres (o PT, Lula, o grupo que dominava os Correios, o delegado Paulo Lacerda, Renan Calheiros, a campanha de Dilma Rousseff)

4) *Nenhuma das denúncias divulgadas com estardalhaço se comprovou* (única exceção para o pedido de propina de 3 mil reais no caso dos Correios).

5) Assim mesmo, todas tiveram ampla repercussão no resto da imprensa.

As reportagens sobre Os dólares de Cuba

A reportagem de Veja, na edição de 2 de novembro de 2005, sobre o suposto financiamento cubano à campanha do PT, baseava-se no depoimento de duas fontes, Rogério Buratti e Vladimir Poleto, da república de Ribeirão Preto, do terceiro escalão petista, ligados a Antônio Palocci, mas deserdados pelo partido.

Fazia tempo que Buratti estava na mira de Carlinhos Cachoeira por suas tentativas de influir no sistema de loterias da Caixa Econômica Federal.

Segundo a reportagem, entre agosto e setembro de 2002, US$ 1,4 milhão (ou US$ 3 milhões, não se sabe), em notas de dólares, chegaram à casa de um diplomata cubano em Brasília, foram colocadas em três caixas de bebida que percorreram longo trajeto, transportados por um jatinho, que saiu do aeroporto de Brasília, passou por Viracopos e, de lá, de carro para a sede do PT, em São Paulo, levadas por Poleto, que achava que transportava bebidas.

A única testemunha, o transportador, não viu os dólares. Soube da natureza da carga tempos depois, por meio de Ralf Barquette, assessor de Palocci. Só que Barquette já havia morrido. Mencionou-se como possíveis testemunhas a viúva (que negava saber qualquer coisa, segundo a própria reportagem) e o empresário ribeirão-pretano Chaim Zaher, que não foi ouvido pelo repórter, mas também negou.

Restavam os testes de verossimilhança.

Como a maior nota é de 100 dólares, seriam 14 mil ou 30 mil notas de 100 dólares, que jamais caberiam em três caixas de bebida.

A inteligência cubana é considerada eficiente e profissional, inclusive por suas congêneres do Primeiro Mundo. Tem experiência em operações de inteligência no exterior, com 15 anos em Angola, apoio ao sandinismo, à guerrilha em países africanos, ao chavismo na Venezuela, aos cocaleros da Bolívia e às Farc.

Antes de Cuba quebrar, o governo cubano tinha dezenas de "tradings" no Panamá ou mesmo a Cubatour (a agência oficial de turismo, muito utilizada nos anos 80). Bastaria uma delas depositar na conta de um doleiro brasileiro em Nova York, ele sacar em reais aqui e entregar ao PT. Tudo terceirizado e limpo. É assim que funciona o mercado paralelo, justamente para dispensar o passeio das notas.

Sendo profissionais, os cubanos jamais envolveriam seu diplomata mais conhecido no Brasil, Sérgio Cervantes, em uma operação de transporte físico de dinheiro vindo do exterior. Seria um risco desnecessário.

Por isso mesmo, era difícil entender a lógica de caixas com dólares passeando por dois aeroportos, sendo levadas à própria sede oficial do PT em São Paulo (três locais sob estreita vigilância da PF), em plena campanha eleitoral, com os ecos do caso Lunus ainda vivos, e jornalistas permanentemente postados na porta do prédio. Depois, o mala-preta indo até o escritório do doleiro e saindo de lá com malas de reais.

Mesmo assim, a notícia rendeu durante semanas. Jamais foi desmentida, mesmo nunca tendo sido confirmada.

O caso Farcs

Na edição de 16 de março de 2005, Veja cometeria mais um de seus malabarismos editoriais, com a matéria "Tentáculos das FARC no Brasil" produzida em parceria com Cachoeira.
    Foi matéria de capa. A ilustração era uma metralhadora e o texto incriminador:

"Espiões da ABIN gravaram representantes da narcoguerrilha colombiana anunciando doação de 5 milhões de dólares para candidatos petistas na campanha de 2002".
    Depois, outro texto:
    "PT: militantes serão expulsos se pegaram dinheiro das Farc".

Havia excesso de textos na capa, ferindo princípios básicos de clareza editorial. A revista estava em plena campanha, na sucessão de capas sobre Lula. E pouco lhe interessava saber da consistência ou não das matérias. Nas páginas internas, ficaria mais claro o estilo *Veja* de criar matérias através da manipulação de ênfases.

Jogam-se acusações enfáticas. Depois, algumas ressalvas para servir de blindagem contra ações judiciais, seguidas de novas acusações taxativas.

Partidos
Laços explosivos
Documentos secretos guardados nos arquivos da Abin informam que a narcoguerrilha colombiana Farc deu 5 milhões de dólares a candidatos petistas em 2002

Policarpo Junior

GUERRILHEIROS E TRAFICANTES
Fileiras das Farc: um controvertido amontoado de guerrilheiros, terroristas e narcotraficantes

O que se tinha, objetivamente, era um informe da ABIN (Agência Brasileira de Inteligência), *uma página, três parágrafos e nada mais*, na qual um agente infiltrado relatava um encontro em uma chácara, com um padre supostamente ligado às FARCs. O padre era conhecido como um mitômano, há muito tempo afastado do contato com as FARCs.

No encontro, teria mencionado o suposto financiamento à campanha do PT. Não havia nenhuma indicação a mais sobre isso. Na ABIN, não se levou a sério o informe.

Para sustentar a matéria, *Veja* assegurava que o informe tinha recebido tratamento relevante da ABIN e que havia documentos comprovando as doações. Não aceitou a palavra oficial da ABIN, de que nunca levou a sério o informe.

O ping pong das acusações

Nas páginas internas, a chamada era forte.
"Documentos secretos guardados nos arquivos da ABIN informam que a narcoguerrilha colombiana Farc deu 5 milhões de dólares a candidatos petistas em 2002"
A matéria começava com afirmações taxativas:

> *"Nos arquivos da Agência Brasileira de Inteligência em Brasília há um conjunto de documentos cujo conteúdo é explosivo. Os papéis, guardados no centro de documentação da ABIN, mostram ligações das Forças Armadas Revolucionárias da Colômbia (Farc) com militantes petistas. (...)*
>
> *Em apenas uma folha e dividido em três parágrafos, esse documento informa que, no dia 13 de abril de 2002, um grupo de esquerdistas solidários com as Farc promoveu uma reunião político-festiva numa chácara nos arredores de Brasília.*
>
> *Na reunião (...) o padre Olivério Medina, que atua como uma espécie de embaixador das Farc no Brasil, fez um anúncio pecuniário. Disse aos presentes que sua organização guerrilheira estava fazendo uma doação de 5 milhões de dólares para a campanha eleitoral de candidatos petistas de sua predileção. A notícia foi recebida com aplausos pela plateia.*
>
> *Faltavam então menos de seis meses para a eleição. Um agente da ABIN, infiltrado na reunião, ouviu tudo, fez um informe a seus chefes, e assim chegou à ABIN a primeira notícia de que as relações entre militantes esquerdistas, alguns deles petistas, e as Farc podem ter ultrapassado a mera simpatia ideológica e chegado ao pantanoso terreno financeiro".*

O "anúncio pecuniário" - segundo a escorreita expressão da revista - estaria mencionado em três documentos da ABIN.

> *"Num deles, está descrita a forma de pagamento: o dinheiro sairia de Trinidad e Tobago, um pequeno país do Caribe, e chegaria às mãos de cerca de 300 pequenos empresários brasileiros simpáticos ao PT, que, por sua vez, fariam contribuições aos comitês regionais do partido como se os recursos lhes pertencessem".*

Assim como na matéria sobre os "dólares de Cuba", a operação era inverossímil. Como se poderia manter sob sigilo uma operação que envolveria 300 pequenos empresários brasileiros? Fugia ao bom senso. Mas a revista não se deixava intimidar e mandava o bom senso às favas.

Em outro documento, aparece a informação de que o acerto financeiro fora celebrado entre membros do PT e das Farc durante uma reunião realizada numa fazenda no Pantanal Mato-Grossense, e que os encontros de cúpula seriam articulados com a ajuda de Maria das Graças da Silva, uma funcionária da Câmara dos Deputados em Brasília que já militou no PC do B e seria amiga muito próxima do "comandante Maurício", apontado como a maior autoridade das Farc no Brasil.

Para se prevenir contra eventuais ações judiciais, incluíam-se as ressalvas, formando o estilo pterodátilo.

> *A apuração comprovou a reunião, o local, a data e os personagens. Só não encontrou o principal: provas ou ao menos indícios de que os 5 milhões de dólares tenham realmente saído das Farc e chegado aos cofres do PT.*
>
> *A doação financeira é dada como realizada pelos documentos da ABIN, mas a investigação de VEJA não avançou um milímetro nesse particular. Pode ter sido apenas uma bravata do padre Olivério Medina, codinome de Francisco Antônio Cadenas Colazzos, para alegrar seus convivas esquerdistas? Pode. Além da convocação manifestada nos documentos da ABIN, a revista não encontrou elementos consistentes para que se faça uma afirmação sobre esse aspecto.*

O expediente era o mesmo adotado na capa sobre o falso dossiê das contas de autoridades brasileiras no exterior.

Os documentos mostram que as informações ali contidas foram checadas (pela ABIN) com afinco. (...)O documento 0095/3100, de 25 de abril de 2002, o principal entre todos os que narram as ligações entre militantes petistas e as Farc, passou por todas essas etapas e acabou com um carimbo de "secreto". Isso significa que suas informações eram críveis e seu conteúdo tinha consistência suficiente para ser levado ao conhecimento do presidente da República.

Na edição seguinte, de 23 de março de 2005, a matéria receberia uma suíte no mesmo estilo. Primeiro, um sonoro desmentido da ABIN:

VEJA noticiou que o auxílio financeiro aparecia no documento número 0095/3100, datado de 25 de abril de 2002 e classificado como "secreto". Tudo isso foi confirmado pelo general (Jorge Armando Felix), mas houve um adendo categórico. O general disse que a informação sobre a doação de 5 milhões de dólares não foi levada a sério pela ABIN, que a encarou como "um boato" e arquivou o documento.

A revista não aceitava as explicações.

> A explicação oficial até faz sentido, mas não é verdadeira.
>
> Na semana passada, VEJA voltou a entrevistar o espião que, infiltrado no movimento sindical em Brasília, abastecia a ABIN com informações sobre as Farc e suas relações financeiras com o PT. (...) Esquerdistas convidaram-no para participar da criação de um comitê em defesa da guerrilha colombiana. O espião topou e passou a participar de reuniões, quase sempre reservadas. Até que sua rotina foi quebrada, no dia 13 de abril de 2002, quando participou da reunião político-festiva de esquerdistas pró-Farc na chácara Coração Vermelho, situada nos arredores de Brasília. Foi nessa reunião que o espião ouviu o padre Olivério Medina, embaixador da guerrilha no Brasil, falar da doação de 5 milhões de dólares para a campanha de Lula em 200.

Veja informava ter entrevistado em cinco ocasiões o coronel Eduardo Adolfo Ferreira, que recebia os informes do espião:

> Os memoriais, nome dado a um conjunto extenso de relatórios, eram encaminhados diretamente à então diretora da ABIN, Marisa Del'Isola. "A ABIN em São Paulo até rastreou o que seria uma parte do dinheiro das Farc para o PT." O coronel contou que, com a ajuda do setor de inteligência da Polícia Federal, a ABIN obteve três ordens de pagamento, somando cerca de 1 milhão de dólares, com indícios de que se tratava de parte do dinheiro das Farc para o PT. "Não podemos afirmar que era o dinheiro da guerrilha mesmo. Eram indícios. Indícios fortes, mas a investigação parou quando o PT ganhou as eleições e eu saí da ABIN", contou. (...)

> *O coronel diz que, nos arquivos da ABIN, há gravações em áudio das promessas das Farc de ajudar o PT e, também, cópias das três ordens de pagamento.*

Com acesso à fonte, por que a revista não exigiu a apresentação das cópias, ainda que sob o compromisso de não as publicar? Qual a razão para não ter ido atrás do elemento que não apenas consolidaria a capa, como seria o grande furo da reportagem?

O espião do caso Farc disse que está disposto a contar tudo o que sabe no Congresso, desde que seu depoimento seja tomado em reunião fechada. Diante dessa possibilidade, VEJA consultou o senador Demostenes Torres, do PFL de Goiás, membro da comissão que apura a história. O senador disse que, publicada a reportagem da revista, faria o pedido para ouvir o espião.

Um factoide que não teve suíte. Nem da própria revista. E, nele, a presença indefectível de Demóstenes Torres.

Escrever pensando

No dia 24 de janeiro de 2008, o diretor de redação de Veja, Eurípedes Alcântara, proferiu palestra para os alunos do Curso Abril de Jornalismo.

No intertítulo "As marcas de Veja", Eurípedes descreve a receita de jornalismo:

O Diretor de Redação expôs alguns pontos essenciais para a produção da revista. Um deles é o controle que o repórter precisa ter sobre a matéria. "Não é a pauta ou a fonte que têm de dominar o jornalista", disse.

Provavelmente, nem a informação pode servir de limitação. Segundo a aula de Eurípedes, Veja pratica o conceito de "escrever pensando":

> Outro ponto é a diluição de conteúdo opinativo em meio às reportagens, a qual Eurípedes chama de "escrever pensando". O jornalista ponderou sobre as diversas interpretações dos críticos sobre

determinadas reportagens da revista. "Você só pode ser cobrado por aquilo que escreve. Não pelo que interpretam".

Cobrado pela capa das FARCs, explicou o que a revista fez:

> *"A Veja disse que a ABIN estava investigando. Não disse que Lula recebia de guerrilheiros. Isso é uma interpretação".*

De fato, tudo não passou de uma grande interpretação, com direito a capa.

O fim da parceria Veja-Cachoeira

Quando as Operações Vegas e Monte Carlo vieram à tona, mostrando as relações entre o bicheiro Carlinhos Cachoeira, o senador Demóstenes Torres e o jornalista Policarpo Júnior, o bunker da Editora Abril entrou em polvorosa.

Há muito sabiam dos riscos dessa parceria. Alguns anos antes, quando publiquei o capítulo "O araponga e o repórter", na série sobre a *Veja*, pela Internet, fui procurado por Sidney Basile, assessor especial de Roberto Civita, propondo um acordo. Eles abririam mão das cinco ações abertas contra mim, em nome de seus jornalistas, em troca de interromper as denúncias.

Aceitei o almoço com uma condição:

– Metade do almoço você é o assessor do Roberto Civita. Na outra metade, somos velhos companheiros e você me explica essa piração que tomou da revista.

No almoço, Sidney revelou a profunda preocupação da Abril com o envolvimento da redação com Cachoeira.

Não aceitei o acordo e as ações continuaram a rolar.

Com a abertura da CPI de Cachoeira, ameaçando trazer à tona todo o material das Operações Monte Carlos e Las Vegas, claramente Roberto Civita entrou em pânico.

As primeiras informações davam conta de mais de 200 ligações grampeadas entre Policarpo, Carlinhos e outros membros da quadrilha.

O SENADOR DESCE AOS INFERNOS

Gravações da Polícia Federal, obtidas com exclusividade por VEJA, revelam novas conversas sobre negócios entre Demóstenes Torres e o contraventor Carlos Cachoeira e complicam ainda mais a situação do parlamentar

Teve início, então, uma complicada operação de abandonar o barco de Cachoeira.

Na edição de 4 de abril de 2012, começou o desembarque e Veja deixou o aliado ferido no campo de batalha.

Reportagem com o título "O senador desce aos infernos", crava a estaca no coração de Demóstenes Torres.

Dizendo dispor de gravações da PF, obtidas "com exclusividade pela revista", contava sobre os negócios entre Demóstenes e Cachoeira, tratado cerimoniosamente como "o contraventor Carlos Cachoeira". O tom editorialesco era típico da direção de redação:

> Um congressista usar do cargo para defender interesses privados é inaceitável em qualquer ambiente que preze minimamente valores republicanos.

Continua a reportagem, como se fosse uma ampla novidade para a revista.

> "A situação torna-se ainda mais insustentável quando o congressista pilhado ipo de comportamento é, aos olhos do grande público, o mais ardoroso defensor da moral e dos bons costumes[19].

---

[19]   https://veja.abril.com.br/brasil/em-fitas-demostenes-age-como-socio--de-cachoeira/

A edição de 2 de maio de 2012 trazia, nítido, o desconforto da revista com a CPI.

O título já indicava isso: "Todos sabem como elas começam..."
De autoria de Otávio Cabral e Daniel Pereira, a reportagem começa com um surpreendente panegírico à presidente Dilma Rousseff:

> A presidente Dilma Rousseff bateu novo recorde de aprovação popular, angariando apoio em todas as faixas de renda e de escolaridade da população. Não foi a única boa notícia para ela. Segundo uma pesquisa do Instituto Datafolha, Dilma venceria com folga ainda maior um adversário da oposição se a eleição presidencial fosse hoje. Além disso, já é vista como a candidata natural do PT, em 2014, por um em cada três entrevistados. EM um ano, e quatro meses de mandato, Dilma saiu da sombra de Lula, conquistou uma fatia do eleitorado que negara voto ao antecessor e – como aponta o levantamento – concorre com ele para ser o principal polo de poder do país.

O que esse exercício de lisonja tinha a ver com o tema? Se entenderá continuando a ler a reportagem:

> Uma rivalidade que ultrapassa a gélida seara das estatísticas e já incendeia os bastidores da CPI do Cachoeira, instalada na semana passada. Dilma e Lula têm concepções diferentes dos métodos e dos objetivos da comissão que investigará as relações da quadrilha de jogatina com parlamentares, governadores e empreiteiras. Pelo menos na primeira rodada, a presidente levou vantagem, garantindo um plano de trabalho inicial submetido aos valores republicanos e menos suscetível a sofrer pressões políticas subalternas da falconaria petista".

A revista, que se notabilizara pelo exercício cotidiano de todas as infâmias, pelos mais despudorados ataques que um órgão de imprensa jamais ousou contra figuras públicas ou privadas, de repente tornava-se doce, acolhedora, quase súplice.

Os elogios não eram apenas para Dilma, mas também para o relator escolhido, deputado Odair Cunha (PT-MG), "moderado, admirado pela presidente e com bom trânsito no Palácio".

Terminou afirmando que as relações de Cachoeira com o PT eram históricas, tentando salvar a cara perante seus leitores, após tantos elogios inesperados à chefe do governo.

Em nenhum momento abriu o jogo sobre a origem do escândalo do "mensalão", uma parceria Cachoeira-Veja.

Na edição de 16 de maio de 2012, o pânico tornou-se explícito. Àquela altura, Roberto Civita estava na mira da CPI de Cachoeira. Já na capa, Veja invocava dispositivos constitucionais para assegurar sua impunidade. A manchete era: "A imprensa acende a luz".

Veja e demais veículos empreendiam uma maratona visando desalojar a CPI com o noticiário sobre o "mensalão".

Os demais grupos jornalísticos vieram, então, em socorro de Roberto Civita. O Globo publicou um editorial de apoio a Civita que mereceu demonstração de um alívio quase cômico, por parte de Civita.

Veja deu pleno destaque ao editorial. O alívio estampado era evidente.

Em defesa da liberdade

Sob o título "Roberto Civita não é Rupert Murdoch", o jornal O Globo publicou um editorial que ficará na história das lutas democráticas no Brasil. O jornal da família Marinho levantou-se contra as tentativas políticas de criminalizar o trabalho jornalístico de Veja, comparando-o à teia de ações ilícitas promovidas por publicações do australiano Murdoch na Inglaterra".

Segundo *Veja*,

> "o jornal desmontou a acusação mais odiosa contra Roberto Civita, presidente do Conselho de Administração do Grupo Abril e editor de Veja: "Comparar Civita com Murdoch é tosco exercício de má fé".

De fato, em nenhum momento Murdoch chegou onde Civita chegara, de dizer que a mídia seria o novo poder político do país.

Na edição de 23 de maio de 2012, em um enorme esforço para conseguir que a CPI terminasse em pizza, a reportagem de Otávio Cabral e Daniel Pereira esmerou-se em difundir as ameaças de Fernando Cavendish, dono da Delta.

Montou-se a mesma situação de outras CPIs fracassadas, como a do Banestado, a dos Precatórios. Havia uma corrupção ampla que ameaçava vários setores. A mídia tratava, então, de divulgar as ameaças dos principais réus, visando o final em pizza.

A reportagem era isso: do começo ao fim um festival de ameaças de Cavendish:

"Nos bastidores, seu dono ameaça revelar segredos que comprometeriam políticos e outras grandes empreiteiras".

Parceria da maioria das jogadas de Cachoeira, *Veja* descrevia assim o jogo do bicheiro:

> *"Deflagrada pela Polícia Federal, das operações Vegas e Monte Carlos revelaram o envolvimento do contraventor Carlos Cachoeira com o senador Demóstenes Torres (ex-DEM) e Cláudio Abreu, ex-diretor da Delta na região Centro-Oeste. Entre outras atividades, o trio agia para abrir os cofres dos governos estaduais e federal à empresa"*

A reportagem inteira reacende ameaças contra o PT, para também pressioná-lo a enterrar a CPI de Cachoeira.

> *"O ex-presidente sabe do potencial de dano ao PT e a seus aliados, caso Fernando Cavendish conte como a sua Delta conseguia seus contratos de obras e, em troca, pagava políticos".*
>
> *(...) A Delta tem obras contratadas por governadores pertencentes aos maiores partidos do país – PT, PSDB e PSDB, Será que essa onipresença da Delta explica as razões pelas quais a CPI decidiu não chamar para1 depor os governadores Agnelo Queiroz (PT-DF), Marconi Perillo (PSDB-GO) e Sérgio Cabral (PSDB-RJ)?*

No restante da reportagem, continuou-se despejando ameaças de Cavendish. Ao invés de se valer das supostas informações de Cavendish para investigar, *Veja* as utilizava para atemorizar a CPI:

> *Nos bastidores, Cavendish tem falado. E muito. Ele usou interlocutores de sua confiança para divulgar suas mensagens. Uma delas foi endereçada a políticos. Seus soldados espalharam a versão de que a empreiteira destinou cerca de 100 milhões de reais nos últimos anos para o financiamento de campanha eleitorais – e que o dinheiro,*

obviamente, percorreu o bom e velho caminho dos "recursos não contabilizados". Uma informação preciosa dessas deveria excitar o ânimo investigativo da CPI de Cachoeira".

A CPI ENCONTRA UM CAMINHO

Na edição de 30 de maio de 2012, com o título "A CPI encontra seu caminho", *Veja* tentou se desvencilhar de vez das ligações com Cachoeira.

Primeiro, elogiou a CPI pelo fato de tirar o foco da mídia e, particularmente, da *Veja*. Depois, apontou para as ligações entre a Delta e Carlinhos Cachoeira, como se fosse uma novidade para a revista.

> *"Já se sabe que a construtora tinha o contraventor como uma espécie de sócio oculto e, através dele, mantinha em funcionamento um gigantesco caixa dois, ao que tudo indica, para pagar propinas e financiar campanhas políticas.*

A revista "descobria" também que Cláudio Abreu, ex-diretor da Delta no Centro-Oeste, tinha procuração para movimentar contas bancárias da empreiteira.

Mais ainda:

> *"Desde que a Polícia federal desbaratou o esquema de jogos ilegais operado por Carlos Cachoeira, era sabido que a Delta nacional transferira 39 milhões de reais para empresas de fachadas sediadas em Brasília.*

A reportagem insistia em envolver José Dirceu na história, mesmo Cachoeira tendo alimentado a revista de grampos contra ele. No fundo, era uma maneira de encontrar um álibi perante seus leitores: se a Delta estava com Dirceu, logo Cachoeira não estava com a *Veja*.

No final, a revista refere-se a seu ex-parceiro Demóstenes Torres:

> Alvo de um processo de cassação, Demóstenes diz já ter 32 votos favoráveis à sua absolvição. Portanto, para preservar o mandato, precisa convencer ainda mais nove colegas de que é perdoável o erro de ter se apresentado tanto tempo com face de implacável paladino da ética enquanto atendia a interesses do bicheiro Cachoeira.

Foi bem-sucedida nas suas tentativas de intimidação, graças ao rabo preso de todo o meio político com a Delta e com Cachoeira, incluindo o PT. E graças à blindagem do Ministério Público Federal e da Polícia Federal à própria imprensa.

A CPI terminou de forma inglória, com a pizza sendo endossada pelo relator do PT. E, mesmo com a abundância de provas, não foi aberto um inquérito sequer para investigar uma parceria de Cachoeira, Veja e Demóstenes, que durante anos operou para os negócios do bicheiro e da revista.

No dia 30 de julho de 2012, a esposa de Cachoeira, Andressa Mendonça, tentou o último uso da parceria, ameaçando chantagear o juiz federal Alderico Rocha Santos[20].

Sua ameaça foi direta: tinha em suas mãos um dossiê produzido pelo jornalista Policarpo Junior a pedido de Carlinhos Cachoeira. Se não soltasse Cachoeira, Veja publicaria a matéria.

O casamento Cachoeira-Veja já tinha terminado e a chantagem falhou. Mas Andressa demonstrou, rapidamente, o que deve ter ocorrido em escala macro no longo período de casamento entre Veja e Cachoeira.

A frente cerrada da mídia em favor de Civita salvou-o da CPI e de qualquer investigação posterior. Nem o Procurador Geral Roberto Gurgel ousou avançar nas denúncias levantadas pela Operação Monte Carlo contra a revista.

Roberto Civita morreu celebrado como um grande homem. E mereceu de Fernão Mesquita, herdeiro do Estadão, a maior prova de falta de discernimento que tomou conta dos grupos familiares de mídia, ao equiparar Civita a seu pai Ruy Mesquita, um conservador dono de um caráter jornalístico da escola de Pulitzer, em tudo diferente do Murdoch ítalo-brasileiro.

---
[20] https://goo.gl/UXohT

O caso Satiagraha

Com dois cadernos milionários de publicidade na Veja, Dantas consegue que um colunista da revista se torne seu instrumento nas guerras pelo controle das comunicações no país.

A maneira como Civita acertou com Dantas

O primeiro contato mais estreito da *Veja* com o banqueiro Daniel Dantas foi em 1999.

Em 10 de março de 1999, em pleno escândalo das "fitas do BNDES", *Veja* recebeu material demonstrando que a Previ – o fundo de pensão dos funcionários do Banco do Brasil – tinha assinado acordo com o banco Opportunity, de Daniel Dantas, mesmo tendo sido desaprovado por sua diretoria.

A matéria foi feita pelo repórter Felipe Patury

> "No início de fevereiro, um diretor do fundo, Arlindo de Oliveira, mandou uma carta ao presidente da Previ. São três páginas, e o tom é de indignação, expresso em frases que se encerram com três pontos de exclamação. Na carta, o diretor relata que a diretoria da Previ, reunida em julho do ano passado, decidiu que não faria parceria com o Opportunity no leilão das teles tendo de pagar ao banco 7 milhões de reais por ano de "taxa de administração". A diretoria achou o valor descabido e decidiu só fazer o negócio se não tivesse

de pagar a taxa. O estranho é que essa decisão foi ignorada. A Previ associou-se ao Opportunity na compra de três teles (Tele Centro Sul, Telemig Celular e Tele Norte Celular) e comprometeu-se a arcar com os 7 milhões de reais por ano, apesar da decisão contrária da diretoria".

Segundo a matéria, a Previ também havia entrado, sem autorização da diretoria, na operação de compra da Telemar que, na época, pensava-se que sairia para o Opportunity.

Na semana seguinte, o repórter conseguiu mais material junto às suas fontes. Chegou a preparar a matéria. Uma semana depois, na edição de 17 de março de 1999, a matéria não saiu publicada. Mas, pela primeira vez, o banco Opportunity, denunciado na edição anterior, bancou duas páginas de publicidade na revista

Não batia. O Opportunity não era banco de varejo, não atuava sequer no *middle market*, não havia lembrança de publicidade dele nem mesmo em revistas especializadas, como a Exame.

No dia 31 de março de 1999, mais duas páginas de publicidade do Opportunity. E a matéria não saiu.

A revista voltou a açoitar o banqueiro em plena efervescência da batalha pelo controle das teles, tendo Dantas de um lado e fundos de pensão estatais de outro.

Cássio Casseb, presidente do Banco do Brasil, e o banqueiro Daniel Dantas, dono do Opportunity: lados opostos?

No dia 28 de julho de 2004, saiu o primeiro petardo contra Dantas. Na matéria "Um negócio de espiões", de Alexandre Oltramari, ele era frontalmente acusado de espionar autoridades brasileiras.

> "O caso mais explícito, e o mais grave, é a vigilância de espiões sobre os passos de Cássio Casseb, atual presidente do Banco do Brasil e ex-conselheiro da Telecom Italia. Nos relatórios divulgados na semana passada, fica-se sabendo que a Kroll Associates, a maior empresa de investigação corporativa do mundo, contratada pelo Opportunity, andou no encalço de Casseb por quase um ano, tendo, inclusive, monitorado suas contas bancárias pessoais – em uma flagrante violação da lei brasileira".

Nesses movimentos iniciais, nas matérias da Veja Dantas era o vilão; os demais, suas vítimas.

As entradas de Dantas na revista se davam, apenas, através da seção Radar. Mas, de uma maneira geral, a linha editorial da revista continuava na direção oposta: atacar Dantas.

No dia 3 de novembro de 2004, outro petardo contra Dantas: a matéria "O dia da caça", assinada por Márcio Aith. O subtítulo já era indicativo do tom da matéria:

> "A Polícia Federal deflagra uma operação contra a Kroll, que, contratada pelo banqueiro Daniel Dantas, pode ter espionado até o ministro José Dirceu".

Na matéria se dizia que:

> "A Kroll, contratada pela Brasil Telecom dominada por Dantas, foi acusada de usar métodos ilícitos numa investigação que teria como objetivo levantar informações comprometedoras sobre a Telecom Italia. Os indícios de que a empresa de investigação vinha agindo à margem da lei foram reforçados à Polícia Federal pela própria Telecom Italia".

> "Conversas entre Verdial e seu chefe, o inglês que se apresenta como William Goodall, mostram também que fontes policiais e da Receita Federal foram pagas pela Kroll para facilitar o acesso da empresa a informações sigilosas de seus investigados".

A matéria revelava as ligações jornalísticas de Dantas.

> "Os documentos repassados à Polícia Federal pela Telecom Italia incluem um e-mail que a PF atribui ao jornalista Leonardo Attuch, da

revista IstoÉ Dinheiro. A mensagem foi enviada em setembro para Charles Carr, chefe do escritório da Kroll em Londres. Nela, o remetente, que se identifica por meio do pseudônimo 'Silvio Berlusconi', comenta em tom de intimidade uma reportagem que havia feito sobre a empresa italiana Tecnosistemi, ligada ao grupo Tim e envolvida em denúncias de falência fraudulenta (na edição datada de 14 de julho deste ano, a revista IstoÉ Dinheiro saiu com uma reportagem sobre o assunto, assinada por Attuch). No fim da mensagem, o remetente afirma que gostaria de ter acesso 'à informação que você tem sobre o Dirceu'. Conclui dizendo: 'Tenho certeza de que renderia uma grande reportagem'".

No final da matéria havia um box, "O gênio do mal", de Lucila Soares e Monica Weinberg, traçando um perfil de Dantas.

"Também seus colegas na corretora Triplic, onde trabalhou no início da carreira (quando ainda usava rabo-de-cavalo e bolsa a tiracolo), espantavam-se com seu talento, que lhe rendeu o apelido de 'professor Gavião, o gênio do mal'. Era só uma brincadeira de jovens, mas já caracterizava um estilo marcado pelo hábito de 'agir na fronteira', na definição do próprio Dantas. A expressão traduz uma ousadia que, segundo amigos, é capaz de levar o banqueiro a atuar freqüentemente no limite da legalidade".

No dia 18 de maio de 2005 sairia uma terceira grande matéria, "A Usina de Espionagem da Kroll", assinada por Marcelo Carneiro e Thais Oyama, em cima de uma operação da Polícia Federal contra a Kroll. Anotem a data porque marca o fim da era de críticas a Dantas.
Dizia a matéria:

"Até então, porém, suspeitava-se que a empresa havia atropelado os limites estabelecidos pela Constituição para atender apenas aos interesses da Brasil Telecom – até o mês passado comandada por Daniel Dantas, do banco Opportunity. O material reunido pela PF no curso da investigação, batizada de Operação Chacal, revela, no entanto, que pelo menos desde a década de 90 a Kroll se dedica a monitorar a vida de dezenas de pessoas, entre elas políticos e empresários – e nem sempre por meio de expedientes legais".

O simples fato de se saber que praticava ilegalidades já seria suficiente para ser tratado com cautela por qualquer jornalismo sério. A revelação de que comprava reportagens recomendava afastamento total.

Nos meses seguintes, porém, uma profunda transformação aconteceria na linha editorial da revista que denunciara, pouco antes, essas manobras de Dantas.

A razão foi simples. Até então a parceria de Roberto Civita era com Giorgio dela Seta, presidente da Pirelli Brasil. Assim como no Brasil, o suspeito processo de privatização da Telecom Itália jogou o controle nos braços de Marco Tronchetti Provera, um aventureiro que se casou com uma bisneta do fundador da empresa, Leopoldo Pirelli.

Dantas conseguiu atravessar a aliança e montar sua própria operação com Civita. E valeu-se, para tal, da receita descrita no filme "O poder da mídia".

A estratégia de Dantas na Veja

Diogo Mainardi mantinha-se um colunista cultural que, a partir de certo momento, ganhou liberdade para ofender personalidades políticas, culturais.

Durante o governo Fernando Henrique Cardoso, Dantas havia conquistado o controle de várias teles – a Brasil Telecom, Telemig Celular, Telemig Amazônia – através de jogadas com fundos de pensão. Com parcela ínfima do capital assumiu o controle de várias delas, envolveu-se em lutas pesadas com empresas estrangeiras que tiveram a infelicidade de tê-lo como sócio.

Denunciei algumas manobras de Dantas e tornei-me alvo de ataques pesados de Mainardi em duas edições sucessivas da revista. Cada edição veio acompanhada de suplementos de oito páginas de publicidade das empresas Telemig Celular e Amazônia Celular.

Começava ali uma parceria empresarial que perduraria por toda a Operação Satiagraha – deflagrada pela Polícia Federal e pelo Ministério Público Federal – e que terminou sem conclusão graças à notável influência de Dantas no poder judiciário.

Depois das duas edições, cessaram os cadernos de publicidade. Mas a imagem da *Veja* já estava indelevelmente contaminada pela venda explícita de espaço editorial.

Quando divulgaram os grampos da Satiagraha, em uma das conversas com uma assessora Dantas revelava sua decepção pelo fato da coluna de Mainardi estar sendo gradativamente relegada a segundo plano, sinal de que *Veja* estava colocando um fim ao acordo firmado.

Antes disso, o que se viu, da parte da revista, foi um dos grandes episódios de manipulação da história do jornalismo.

O caso Edson Vidigal

A tentativa de "assassinato de reputação" do Ministro Edson Vidigal, presidente do Superior Tribunal de Justiça (STJ), foi um dos capítulos em que o descuido editorial da revista deixou impressões digitais sobre a sua tática de armar escândalos.

> **Justiça**
> **Não pode pairar a dúvida**
>
> O presidente do STJ, Edson Vidigal, é envolvido em casos que precisam ser esclarecidos
>
> Ronaldo França
>
> Santiago, no Chile: viagem a seminário com as despesas pagas pela Amil

A matéria vinha com uma manchete dúbia:
"Não pode pairar a dúvida. O presidente do STJ é envolvido em casos que precisam ser esclarecidos".
A matéria não focava uma suspeita específica. Havia um estoque de fatos relacionados a Vidigal – o que demonstrava, nitidamente, que se tratava de um dossiê especialmente preparado contra ele.

A primeira acusação era um "esquentamento" de fato banal, visando conferir tratamento escandaloso: o de que Vidigal viajara para o Chile, para um Congresso patrocinado pela Amil, empresa de seguro saúde, sendo que, na semana anterior, havia liberado um reajuste de 26% para o setor de planos de saúde.

A viagem tinha sido em um final de semana, em um seminário para discutir a legislação chilena para o seguro saúde. A matéria procurava ressaltar aspectos de mordomia:

> "O seminário realizou-se em Santiago, no Chile. Foi uma curta temporada regada a bons vinhos daquele país e com todas as mordomias que costumam acompanhar esses rega-bofes".

O "prego sobre vinil" esquentava a matéria com obviedades. É óbvio que qualquer Congresso tem coquetéis e almoços e, sendo no Chile, vinhos chilenos.

Pouco importava se o patrocinador não tinha ingerência na programação, ou se um final de semana trabalhando em Santiago, no Chile está longe de configurar suborno ou mordomia.

Para tornar mais estranha a acusação, não havia a prova do suborno: a matéria informava que, com sua sentença, Vidigal limitara-se a convalidar um parecer da Secretaria de Direito Econômico sobre o tema. Onde a relação, então, entre favor recebido e serviço prestado?

Dizia mais:

> "Muito provavelmente, o pedido da Amil é justo. Mas, depois da viagem ao Chile, também é justo levantar suspeita sobre o julgamento da liminar."

Mas, para efeito de levantar a mancha da suspeita, dizia que "um observador de fora tem o direito de enxergar no episódio os contornos de improbidade administrativa. O caso deverá ser analisado pelo Conselho Nacional de Justiça, órgão recém-criado com a incumbência de exercer o controle externo do Judiciário."

De fato, a "denúncia" foi feita por uma Associação de Defesa da Cidadania e do Consumidor mencionando justamente a matéria de *Veja*.

> **STJ** Superior Tribunal de Justiça — *O Tribunal da Cidadania*
>
> Últimas
>
> 27/06/2005 - 16h53
> **CNJ recebe reclamação contra presidente do STJ**
>
> O Conselho Nacional de Justiça, órgão criado pela Emenda Constitucional n.º 45, a qual tratou da reforma do Judiciário, registrou, sob o n° 103, uma reclamação disciplinar apresentada no último dia 23 pela "Associação de Defesa da Cidadania e do Consumidor", de Pernambuco, para que o órgão investigue o presidente do STJ, ministro Edson Vidigal, pelo teor da reportagem publicada na revista "Veja" da semana passada. Entre as questões levantadas na reclamação está o suposto favorecimento dado pelo presidente do STJ às empresas de planos de saúde.
>
> No dia 13 do corrente mês, a sra. René Patriota, coordenadora executiva de outra entidade de Pernambuco a Associação de Defesa dos Usuários de Seguros, Planos e Sistema de Saúde (Aduseps), foi recebida pelo presidente do STJ, quando expôs seu ponto de vista em favor da manutenção da liminar do TRF da 5ª Região que impedia reajustes superiores a 11,69% para contratos de plano de saúde assinados antes de 1999. No dia seguinte, o presidente do STJ recebeu o presidente da Agência Nacional de Saúde, Fausto Santos, que também expôs os argumentos da Agência sobre o mesmo assunto. O ministro recebeu, ainda, o secretário de Defesa Econômica do Ministério da Justiça, Daniel Krepel Goldberg. Após essas audiências e o exame do processo, o ministro Edson Vidigal entendeu de revogar a liminar, o que representou reajustes em favor da Bradesco Saúde e da Sul América, em nível superior ao de 11,69%.

Era de um amadorismo constrangedor. *Veja* divulgava uma denúncia ao CNJ baseada na própria reportagem que ainda não havia sido publicada.

A denúncia nasceu morta. O corregedor Antônio de Pádua Ribeiro rejeitou-a por não estar "consubstanciada infração disciplinar nem violação dos deveres funcionais da magistratura".

A segunda denúncia do dossiê era que o nome de Vidigal aparecera em grampos com membros da quadrilha do argentino Cesar de La Cruz Arrieta. Como eram fitas de um inquérito sigiloso, era óbvio que o dossiê fora obtido de forma ilegal por membros do submundo que habita Brasília.

A matéria reconhecia que a menção a Vidigal poderia ser apenas bravata de contraventores. Mas colocava como agravante o fato do apartamento de um enteado de Vidigal ter sido alugado para os bandidos.

Vidigal explicou que o apartamento tinha sido entregue a uma imobiliária, que se responsabiliza por quem aluga.

> "'O apartamento, pelo que sei, estava entregue a uma imobiliária. E ninguém pede atestado de bons antecedentes quando aluga um

imóvel.' Mas a coincidência envolvendo um dos mais altos magistrados do país precisa ser esclarecida."

Que tipo de favor Vidigal poderia ter prestado a Arrieta? Consultando seus arquivos, ele constatou ter atuado em apenas um caso envolvendo Arrieta. E sua decisão tinha sido a de negar um habeas corpus a ele.

A troco de quê aquela marcação?

Apenas os leitores mais bem informados entenderam a ginástica jornalística perpetrada por *Veja*.

Pouco tempo antes, Vidigal havia dado a liminar que permitiu aos fundos de pensão e ao Citibank retomar o controle da Brasil Telecom das mãos de Daniel Dantas.

Foi uma sentença dura contra o Opportunity.

> *"'Com olhos voltados à defesa do interesse público, notadamente porque envolvidos vultosos recursos do erário, antevejo ameaçada a ordem econômica. Neste contexto, considero que eventual prejuízo sofrido pelos fundos de investimento, em última análise, será suportado pelo erário, com vistas a garantir a milhares de brasileiros, beneficiários dos mesmos — e que acreditaram nos fundos de pensões e deles dependem —, a necessária subsistência", registrou o ministro Vidigal na ocasião.*
>
> *"Considerei, também, nas razões de decidir, as informações trazidas pelo requerente que dão conta que a decisão objeto da suspensão entrega a gestão de mais de 10 bilhões de reais em ativos financeiros, materiais e societários ao Grupo Opportunity que, anteriormente, já fora destituído da gestão deste fundo por quebra dos deveres fiduciários, o que, também, recomenda a concessão da contracautela", afirmou também o presidente do STJ.*

A sentença de Vidigal foi proferida no dia 15 *de junho de* 2005. A tentativa de um novo "assassinato de reputação", por parte de *Veja*, em 21 *de setembro de* 2005.

No dia 16 *de maio de* 2006 - quase um ano depois -, acuado pela revelação do dossiê falso sobre as contas de autoridades no exterior, Dantas mostraria claramente as peças que se encaixavam nas duas tentativas de "assassinato de reputação" da *Veja*, as razões para os ataques a Edson Vidigal.

Em entrevista à Folha de S. Paulo, Dantas disse o seguinte[21]:

> O controlador do Opportunity, Daniel Dantas, disse à Folha ter recebido informações de que o governo pressionou o Judiciário brasileiro para favorecer os fundos de pensão na briga pela telefônica Brasil Telecom. "Informaram a mim que teria havido uma intervenção do ministro Palocci [ex-ministro da Fazenda] junto ao ministro Edson Vidigal [ex-presidente do Superior Tribunal de Justiça] para dar uma decisão favorável aos fundos de pensão", disse Dantas em entrevista concedida no último sábado, por videoconferência. "Fui conferir e ouvi de uma pessoa que esteve com Palocci que o próprio teria dito não ter sido ele diretamente, mas alguém ligado a ele [que procurou Vidigal]."
>
> (...) A versão segue as declarações feitas por advogados do banco em Nova York. Em documento público, eles lembram que o STJ tem 21 ministros, mas que os litígios entre o Opportunity e os fundos costumavam ser julgados por Vidigal (o ex-ministro assinou pelo menos três liminares favoráveis aos fundos de pensão).

Foi o segundo capítulo de uma longa série de matérias que, nos anos seguintes, marcaria de forma indelével a parceria Dantas-Veja.

O caso Márcia Cunha

Dois magistrados foram fundamentais para apear o Opportunity do controle da Brasil Telecom. Antes de Edson Vidigal, a desembargadora Márcia Cunha, do Tribunal de Justiça do Rio de Janeiro, que deu a primeira sentença séria desfavorável a Daniel Dantas.

Vamos entender o jogo aproveitando o bom levantamento feito pelo jornalista Fábio Carvalho, em resposta a uma discussão entre blogs sobre um dos capítulos da série.

2/10/2005 – "Juíza acusa Opportunity de tentativa de corrupção".

A Folha publicou denúncia da magistrada que afastou Daniel Dantas do controle da Brasil Telecom. A juíza acusa um suposto lobista de Dantas, Eduardo Rascovsky, que teria oferecido propina a seu marido (advogado aposentado, que teria gravado a conversa) para obter decisão favorável na briga contra os fundos de pensão e o Citigroup.

---

[21] https://goo.gl/pvwqt2

Duas informações são relevantes nessa matéria:
1. Opportunity disse desconhecer o homem identificado como Eduardo Rascovsky.
2. Segundo a assessoria do Tribunal de Justiça, "o Conselho da Magistratura se declarou incompetente" para examinar os argumentos que o Opportunity ofereceu contra a juíza Márcia Cunha. O caso, portanto, seria levado ao Órgão Especial do TJ.

7/10/2005 – "Justiça analisa decisão de juíza contra Dantas".

Cinco dias depois, a repórter Janaína Leite é "enviada especial" ao Rio de Janeiro, invadindo um tema que estava sendo coberto pela sucursal do Rio.

Diz ela:

> "A Folha apurou que" em setembro, antes das acusações da juíza contra o Opportunity serem publicadas por O Globo (e repercutidas na Folha, através da sucursal do Rio), o Conselho da Magistratura teria decidido, por unanimidade, contra Márcia Cunha.

Janaína aproveitava para levantar um conjunto de insinuações contra a juíza, no mesmo estilo "dossiê" aplicado pela Veja no caso Edson Vidigal.

"Não é a primeira vez que Márcia Cunha sofre questionamentos administrativos. A primeira foi no início dos anos 1990 e envolvia tentativa de fraude fiscal. A juíza também foi alvo de críticas por aceitar passagens de cortesia da Varig quando julgava processos envolvendo a companhia aérea", escreve a repórter.

Na entrevista com a desembargadora, fica nítida a intenção de Janaína de utilizar as perguntas para fabricar insinuações.

> "Magistrada vê tentativa de desmoralização"
>
> A juíza Márcia Cunha disse considerar "ofensivo" qualquer questionamento sobre quem é o autor da sentença assinada por ela que favoreceu os fundos de pensão na briga pela Brasil Telecom. Leia a seguir trechos da entrevista concedida à Folha ontem.
>
> FOLHA – A sra. foi a autora da sentença contra o Opportunity?

MÁRCIA CUNHA – Essa pergunta chega a ser ofensiva. Por sorte, tenho testemunhas que me viram escrevendo. É uma tentativa de desmoralização.
FOLHA – O texto é muito diferente dos padrões das suas decisões anteriores. Por quê?
MÁRCIA – É um processo complexo, com 18 volumes.
FOLHA – A decisão saiu em poucos dias. A sra. leu tudo?
MÁRCIA – Claro, eu tinha lido o processo há mais tempo porque dei outras decisões, inclusive favoráveis ao Opportunity.
FOLHA – A sra. disse que houve uma tentativa de corrupção por intermédio do seu marido. Por que não colocou isso por escrito na sua defesa?
MÁRCIA – Como a senhora sabe disso? Não posso dizer, é algo de maturação sigilosa.
FOLHA – Mas a sua defesa é pública. E por que denunciar só agora, pela imprensa?
MÁRCIA – Existem coisas que só podemos dizer quando há provas. Naquela época não tinha provas. Só vim a público porque o Opportunity estava distribuindo dossiês contra mim nas redações de jornais, com coisas falsas.
FOLHA – Na entrevista a "O Globo" a sra. falou que tinha fitas mostrando o diálogo. Houve outras conversas com seu marido?
MÁRCIA –Não vou falar sobre isso. Ir contra os interesses deles expôs meu nome, sai uma coisa torta no jornal e eu nunca mais recupero a idoneidade.
FOLHA – A sra. comprou um apartamento de quatro quartos em Ipanema pouco depois de dar a sentença?
MÁRCIA – Meu Deus, que absurdo! Eu moro de aluguel.
FOLHA – A sra. mudou quando?
MÁRCIA –Em maio. Aluguei de um casal de velhinhos.
FOLHA – A sra. ganhou passagens da Varig?
MÁRCIA – A assessoria do tribunal já esclareceu esse assunto. Não vou falar sobre isso.
FOLHA – A sra. foi a Nova York por conta própria?
MÁRCIA – Para Nova York? Eu fui para os Estados Unidos em uma viagem pessoal em maio e só passei uma noite em Nova York. Fui acompanhar uma pessoa doente. Quem pagou foi ela.
FOLHA – Casos envolvendo a sra. já foram enviados ao Órgão Especial antes?
MÁRCIA – Não. Tudo isso não passa de uma enorme mentira para macular meu nome.

A entrevista fala por si, uma devassa implacável na vida pessoal da juíza, deixando toneladas de insinuações no ar.

05/11/20056 – "Juíza acusada pelo Opportunity é inocentada em processo no TJ".

A matéria não é mais de Janaína, mas da repórter da Sucursal do Rio, Luciana Brafman, que informa que a 8ª Câmara Cível do TJ/RJ julgou improcedente ação que o Opportunity pedia o impedimento da juíza Márcia Cunha. Uma filha da magistrada seria estagiária em um escritório que representava os fundos de pensão. Os desembargadores entenderam que a decisão de Márcia Cunha era "imparcial". Ainda estava pendente a manifestação do Órgão Especial do TJ/RJ.

04/03/2006 – "Juíza se afasta de casos com o Opportunity".

Márcia Cunha disse não ter condições de "enfrentar tamanho poderio econômico" e declara a própria suspeição no caso. Afasta-se. Em matéria assinada por Elvira Lobato e Pedro Soares, da sucursal do Rio, informa-se que ela teria sido vítima de boatos, entre eles o de que teria sido corrompida e "comprado um apartamento em Ipanema". A decisão de suspender o acordo guarda-chuva, diz a reportagem, "foi mantida em segunda instância pelo Tribunal de Justiça do Rio". O objetivo do "assassinato de reputação" fora alcançado.

09/04/2006 – "Sócios voltam a negociar controle da BrT".

Nova matéria de Janaína Leite, insistindo na desqualificação da desembargadora.

> (...) O acordo "guarda-chuva" está suspenso, mas há uma chance de ser restabelecido na próxima terça-feira. Se isso acontecer, o Opportunity poderia reassumir, mesmo que temporariamente, o controle da BrT, interferindo no rumo das negociações.
>
> O acordo "guarda-chuva" pode voltar a valer porque a liminar que o suspendeu está sendo questionada. A liminar foi assinada pela juíza Márcia Cunha, da 2ª Vara Empresarial fluminense. O Ministério Público e o Conselho da Magistratura do Tribunal de Justiça do Rio de Janeiro, porém, consideraram indícios de que a sentença não foi escrita por ela.
>
> (...) A juíza se defendeu das suspeitas e negou a participação de terceiros na elaboração da liminar. No mês passado, afastou-se do caso BrT. Julgou-se impedida de emitir novas opiniões sobre o acordo "guarda-chuva".
>
> Segundo Márcia Cunha, a decisão foi motivada porque ela não tem forças para enfrentar o Opportunity. Acusou o grupo de disseminar calúnias, fazer ameaças a familiares e tentar corrompê-la.

As acusações da juíza não encontraram respaldo do Ministério Público e da polícia. Ambos consideraram não existir provas contra o Opportunity.

05/05/2006 – "Juíza é inocentada de acusação do Opportunity".
Elvira Lobato informa que o Órgão Especial do TJ/RJ inocentou a juíza Márcia Cunha.
Ao ser procurada pela Folha, limitou-se a dizer que estava "de alma lavada" com a decisão do Órgão Especial do tribunal".
Nenhuma manifestação de Janaína. Nem ao menos um "Erramos" da Folha. O "assassinato de reputação" já tinha produzido os resultados esperados e novas batalhas estavam a caminho.
O processo disciplinar contra Márcia Cunha foi aberto pelo corregedor do Tribunal de Justiça do Rio, Carpena de Amorim. Algum tempo depois, uma batida da Polícia Federal e do Ministério Público Federal no escritório de doleiros flagrou contas de Carpena no exterior. Foi processado, demitido e condenado a dois anos de prisão.

O caso Lewis Kaplan

As reportagens sobre o contrato "guarda-chuva" não terminam aí. Na sequência ocorre o impensável. Janaína publica na Folha uma série de matérias para serem utilizadas no julgamento do acordo "guarda-chuva" em Nova York, envolvendo o Citigroup versus Opportunity, tentando influenciar o juiz Lewis Kaplan.
No final, os advogados do Citigroup denunciam a manipulação feita pela imprensa. A denúncia sai em reportagem da própria correspondente da Folha em Nova York.

11/05/2006 – "Grupo Opportunity acusa PT de persegui-lo por negar propina".
Janaína Leite informa que o Opportunity remeteu carta à Justiça nos Estados Unidos. O documento acusa o PT de ter pedido propina, em 2002 e em 2003, de "dezenas de milhões de dólares".

12/05/2006 – "Opportunity insinua que Lula pressionou Citi contra Dantas".
Matéria de Janaína Leite e Leila Suwwan (de Nova York). A matéria contém acusações pesadas:

> Correspondência interna trocada entre executivos do Citigroup sustenta que o presidente Luiz Inácio Lula da Silva interferiu em favor dos fundos de pensão e contra o Opportunity na disputa pela Brasil Telecom.
>
> No dia 26 de abril passado, um advogado do Opportunity se referiu a essa suposta pressão do presidente ao se dirigir ao juiz Lewis Kaplan, da Corte de Nova York, responsável pelo litígio entre o grupo do banqueiro brasileiro Daniel Dantas e o Citigroup.

A matéria é maliciosa. Coloca como se fosse de Gustavo Marín, presidente do Citibank Brasil, a afirmação de que o governo brasileiro tem interesses comerciais e odeia Daniel Dantas. É preciso ler com cuidado para entender que a frase é do advogado do Opportunity:

> "Há interesses comerciais, conforme explicado por Gustavo Marín, presidente do Citibank Brasil, da Brasil Telecom, e reportados do seu encontro com o presidente do Brasil: o governo do Brasil odeia Daniel Dantas. É o que ele [Marín] disse. Eles têm muito mais interesse em fazer transações com o Brasil do que qualquer coisa que possa acontecer com este investimento em particular", argumentou Philip Korologos, advogado do Opportunity.

19/05/2006 – "Opportunity desinforma mídia, diz Citi".
Leila Suwwan, de Nova York, agora em matéria sem a parceria de Janaína, informa que o Citi acusa o Opportunity de promover uma campanha de desinformação na imprensa brasileira utilizando citações incorretas dos autos e provas secretas contidas na Corte norte-americana.

> Ontem, o advogado do Opportunity tentou novamente envolver "executivos do mais alto nível do Citigroup" e membros do governo brasileiro numa espécie de conluio contra seu cliente. As provas do processo - série de documentos requisitados de ambos os bancos -, inclusive e-mails de seus diretores - estão guardados sob segredo de Justiça, mas o resto do litígio é público.

> Quando possível, em cartas ao juiz Lewis Kaplan ou em audiências abertas, os advogados do Opportunity fazem menção ou detalham essas provas, cujo conteúdo não pode ser verificado. Em dois casos recentes, essa técnica foi utilizada para acusar o PT de uma tentativa de achaque de dezenas de milhões de dólares do Opportunity e para acusar o presidente Lula de ter se envolvido pessoalmente para pressionar o Citi contra Dantas.
>
> (...) Desta vez, o Citi retrucou. Apontou para a presença de jornalistas brasileiros e acusou: "O juiz deve se perguntar porque o advogado do Opportunity gosta de ficar citando executivos graduados do banco. É porque está promovendo uma campanha de imprensa na qual cita equivocadamente os autos e os documentos secretos deste processo".

Com isso, o juiz Lewis Kaplan, irritado, encerrou a discussão. Concedeu uma liminar que protegeu o Citi de processo do Opportunity no Brasil até o dia 2 de junho e exortou ambos os grupos a considerar uma solução financeira arbitrada. "Isto já está ficando cansativo e problemático", disse Kaplan. Antes, havia se queixado de que seu tribunal não é dedicado à deliberação de liminares contra Daniel Dantas. Faltou à correspondente da "Folha" dizer o nome da jornalista que mais praticou esse tipo de jogo: sua própria colega Janaína Leite[22].

---

[22] https://goo.gl/jRfrzA

O dossiê falso

A parceria de *Veja* com Daniel Dantas prosseguiu no decorrer de 2006. Várias matérias, dossiês, especialmente os mais improváveis, pareciam terem sido fornecidos pelo banqueiro.

Na edição de 17 de maio de 2006, *Veja* fez sua aposta mais ousada.

Veja recebeu um dossiê de Dantas, sobre presumíveis contas de altas autoridades do governo no exterior.

A tarefa de ir atrás das pistas do dossiê coube a Márcio Aith, o mesmo jornalista que cobrira o caso do dossiê da Kroll para a "Folha".

Saiu a campo e, em pouco tempo, constatou que o dossiê era uma falsificação. Tinha tudo para uma reportagem memorável sobre falsificações de dossiês.

O levantamento tinha sido feito por Frank Holder, ex-agente da CIA especializado em América Latina que, depois, largou o serviço secreto e montou uma firma de investigação – a Holder Associates – posteriormente adquirida pela Kroll.

Aith foi atrás de Holder na Suíça. Ouviu sua versão de que a lista tinha sido obtida no curso da investigação italiana sobre a parte brasileira dos escândalos da Parmalat. O repórter foi atrás de autoridades policiais de Milão – que investigavam o caso Parmalat – que afirmaram desconhecer a informação.

Holder, então, mudou a versão e informou que o dossiê tinha sido levantado pelo argentino José Luiz Manzano, ex-ministro e, segundo Aith, um dos símbolos da corrupção do governo Menen.

Aith foi atrás de Manzano que confirmou o dossiê e incumbiu assessores de passar mais dados. O material entregue apresentava inúmeras inconsistências.

Há um princípio básico de jornalismo: quando está configurado que a fonte tentou enganar o jornalista, é obrigação do jornalista denunciá-la.

Eurípedes Alcântara, o diretor da revista, resistiu a divulgar o nome de Dantas. Houve discussão interna. Não havia como fugir do levantamento de Aith mas, por outro lado, havia acordos entre Dantas e a Abril.

Aith cedeu. De um lado, admitia-se que a fonte era Dantas. Mas foram tais e tantas as tentativas de salvar a cara do banqueiro, que a matéria se transformou em um novo pterodátilo, um bicho disforme e mal acabado.

Começava pela capa. A chamada não mencionava dossiê falso. Pelo contrário, apresentava a falsificação como se fosse algo real:

> "*Daniel Dantas: o banqueiro-bomba. O seu arsenal tem até o número da suposta conta de Lula no exterior*"

A matéria não tinha pé nem cabeça. As investigações de Aith já tinham confirmado tratar-se de uma falsificação preparada por Dantas.

Mas o "lead" da matéria falava o contrário:

> "O banqueiro Daniel Dantas está prestes a abrir um capítulo explosivo na investigação sobre os métodos da "organização criminosa" que se instalou no governo e o estrago causado por ela ao país".

O primeiro parágrafo inteiro, em vez de realçar o furo de Aith – a descoberta de que era um dossiê falso – dizia que:

> "Na sessão, o senador Arthur Virgílio (PSDB-AM) revelou o teor de um documento no qual o banco Opportunity, controlado por Dantas, diz ter sofrido perseguição do governo Lula por rejeitar pedidos de propina de "dezenas de milhões de dólares" feitos por petistas em 2002 e 2003. A carta, escrita por advogados de Dantas e entregue à Justiça de Nova York, onde o banqueiro é processado pelo Citigroup por fraude e negligência, é só o começo de uma novela que, a julgar pela biografia de Dantas, não se resume a uma simples tentativa frustrada de achaque".

Prosseguia a matéria:

> "Para defender-se das pressões que garante ter sofrido do PT nos últimos três anos e meio, Dantas acumulou toda sorte de informações que pôde coletar sobre seus algozes. A mais explosiva é uma relação de cardeais petistas que manteriam dinheiro escondido em paraísos fiscais".

Ia mais longe:

> "Além disso, Dantas compilou metodicamente não só os pedidos de propina como também as contratações e os pagamentos efetivamente feitos para tentar aplacar as investidas do atual governo sobre seus interesses. Se pelo menos uma parte desse material for verdadeira, o governo Lula estará a caminho da desintegração"

Esse tipo de menção ao poder terrível do banqueiro era um convite ao achaque. Na mesma matéria, Veja justificava a publicação do dossiê como forma de prevenir achaques:

> "Ao mesmo tempo, isso (a publicação do dossiê) impedirá que o banqueiro do Opportunity venha a utilizar os dados como instrumento de chantagem em que o maior prejudicado, ao final, seriam o país e suas instituições".

A conclusão final era risível:

> "Por todos os meios legais, VEJA tentou confirmar a veracidade do material entregue por Manzano. Submetido a uma perícia contratada pela revista, o material apresentou inúmeras inconsistências, mas nenhuma suficientemente forte para eliminar completamente a possibilidade de os papéis conterem dados verídicos".

Só então entrava na reportagem o conteúdo apurado por Aith.

A entrevista armada

Pior: em uma matéria em que Dantas era desmascarado como autor de documentos comprovadamente falsos, permitia-se uma ressalva no mais puro estilo prego sobre vinil, uma entrevista concedida por ele ao colunista Diogo Mainardi.

Não era uma entrevista normal. Sua leitura induzia qualquer leitor atento a suspeitar que as perguntas foram formuladas por quem respondeu. Não se deu sequer ao trabalho de utilizar o padrão de formatação da revista para entrevistas ping-pong. O padrão da revista são as perguntas em caixa baixa e negrito. O da entrevista era em caixa alta.

É como se Mainardi tivesse ido até Dantas, recebido o questionário preparado pelo advogado, remetido para a revista, que o publicou na íntegra. Nem edição houve.

Cada pergunta levantava uma bola para o banqueiro bater em sua tecla de defesa: a de que seus problemas eram decorrentes de perseguição política – na mesma matéria em que se demonstrava que ele próprio recorria a dossiês falsos para achaques.

O nível do ping-pong era da seguinte ordem:

>POR QUE O GOVERNO QUERIA TIRAR O OPPORTUNITY DO COMANDO DA BRASIL TELECOM?
>*Porque havia um acordo entre o PT e a Telemar para tomar os ativos da telecomunicação, em troca de dinheiro de campanha.*
>
>A TELEMAR ACABOU COMPRANDO A EMPRESA DO LULINHA. POR QUE VOCÊS TAMBÉM NEGOCIARAM COM ELE? ERA UM AGRADO AO PRESIDENTE LULA?
>*Nós procuramos de todas as maneiras diminuir a hostilidade do governo.*
>
>O EX-PRESIDENTE DO BANCO DO BRASIL CÁSSIO CASSEB DISSE AO CITIBANK QUE LULA ODEIA VOCÊ.
>*Casseb disse também que ou a gente entregava o controle da companhia ou o governo iria passar por cima.*

A entrevista, na qual provavelmente a única participação de Mainardi foi a assinatura, terminava apresentando Dantas como vítima de achacadores, e não como quem tinha acabado de produzir um dossiê falso, com o claro intuito de achacar.

O medo no Supremo

Quando começaram a tomar corpo os boatos de que a Polícia Federal preparava uma grande operação contra o banqueiro Daniel Dantas, *Veja* deu início a uma série de factoides visando criar o clima de medo, de um país sendo grampeado pela Polícia Federal.

Valia-se de um dos recursos históricos da mídia, o da criação do medo supersticioso.

Em todas suas matérias, contou com os seguintes personagens-chave: o senador Demóstenes Torres; nos bastidores, o araponga Jairo Martins, homem de confiança do bicheiro Carlinhos Cachoeira a quem, na qualidade de consultor, Gilmar Mendes entregara a fiscalização dos sistemas de dados e de telefonia do Supremo.

Foi assim com a matéria "A sombra do estado policial", de Policarpo Junior, na edição de *22 de agosto de 2007*.

Como sempre, capa, manchete, submanchete, tudo rescendia a conspiração:

Medo no Supremo

> *Ministros do Supremo reagem à suspeita de grampo na mais alta corte de Justiça do país.*

Ninguém mais na mídia havia percebido qualquer sinal de "medo" do Supremo, ou de generalização das escutas atingindo os Ministros.

Aliás, os últimos abusos contra juízes haviam partido da própria revista e do autor da reportagem, no falso dossiê contra o então presidente do Superior Tribunal de Justiça Edson Vidigal – da própria revista. *Veja* sempre cultivou relações íntimas com produtores de dossiês.

Na abertura, forçava um lide, dentro do estilo tatibitate-recitativo ("sim, beira o inacreditável") de Mario Sabino, diretor de redação adjunto:

> *"É a primeira vez que, sob um regime democrático, os integrantes do Supremo Tribunal Federal se insurgem contra suspeitas de práticas típicas de regimes autoritários: as escutas telefônicas clandestinas. Sim, beira o inacreditável, mas os integrantes da mais alta corte judiciária do país suspeitam que seus telefones sejam monitorados ilegalmente".*

Seguia-se o velho estratagema das estatísticas de fontes:

> *"Nas últimas semanas, VEJA ouviu sete dos onze ministros do Supremo – e cinco deles admitem publicamente a suspeita de que suas conversas são bisbilhotadas por terceiros. Pior: entre eles, três ministros não vacilam em declarar que o suspeito número 1 da bruxaria é a banda podre da Polícia Federal".*

Ia além

> *"As suspeitas de grampos telefônicos estão intoxicando a atmosfera do tribunal".*

Uma capa de revista semanal é uma celebração. É tema relevante, quente, em que se colocam os melhores quadros para apurar os dados.

Porém, de informações objetivas, a reportagem tinha o seguinte:

> "'A Polícia Federal se transformou num braço de coação e tornou-se um poder político que passou a afrontar os outros poderes', afirma o ministro Gilmar Mendes, numa acusação dura e inequívoca".

O restante era um cozidão das seguintes notícias, factoides ou boatos que já haviam saído na mídia.

Notícia de 24 de maio de 2007, na Folha:

> "O ministro (Sepúlveda Pertence) diz que as suspeitas de que a polícia manipula gravações telefônicas aceleraram sua disposição em se aposentar. 'Divulgaram uma gravação para me constranger no momento em que fui sondado para chefiar o Ministério da Justiça, órgão ao qual a Polícia Federal está subordinada. Pode até ter sido coincidência, embora eu não acredite', afirma".

A notícia era de *janeiro de 2007*, conforme o Terra Magazine. Mais: o grampo da Polícia Federal não tinha sido em cima do Ministro, mas em um lobista envolvido em uma transação em Sergipe e que estava sob investigação da PF.

A matéria de *Veja* esquentava o recozido, sem nenhum respeito aos fatos:

> "Na quinta-feira passada, o ministro Sepúlveda Pertence pediu aposentadoria antecipada e encerrou seus dezoito anos de tribunal. Poderia ter ficado até novembro, quando completa 70 anos e teria de se aposentar compulsoriamente. Muito se especulou sobre as razões de sua aposentadoria precoce. Seus adversários insinuam que a antecipação foi uma forma de fugir das sessões sobre o escândalo do mensalão, que começam nesta semana, nas quais se discutirá o destino dos quadrilheiros – entre eles o ex-ministro José Dirceu, amigo de Pertence. A mulher do ministro, Suely, em entrevista ao blog do jornalista Ricardo Noblat, disse que a saída de seu marido deve-se a problemas de saúde. O ministro, no entanto, diz que as suspeitas de que a polícia manipula gravações telefônicas aceleraram sua disposição em se aposentar. 'Divulgaram uma gravação para me constranger no momento em que fui sondado para chefiar o Ministério da Justiça, órgão ao qual a Polícia Federal está subordinada. Pode até ter sido coincidência, embora eu não acredite', afirma".

Tinha mais.

> "Os temores de grampo telefônico com patrocínio da banda podre da PF começaram a tomar forma em setembro de 2006, em plena campanha eleitoral. Na época, o ministro Cezar Peluso queixou-se de barulhos estranhos nas suas ligações e uma empresa especializada foi chamada para uma varredura".

A notícia era de 17 de setembro de 2006:

> "O ministro Marco Aurélio Mello recebeu uma mensagem eletrônica de um remetente anônimo. O missivista informava que os telefones do ministro estavam grampeados e que policiais ofereciam as gravações em Campo Grande. O caso foi investigado, mas a Polícia Federal – ela, de novo – concluiu que a mensagem era obra de estelionatários fazendo uma denúncia falsa".

No decorrer da semana, Blogs e veículos da grande imprensa desmascararam a farsa. Praticamente todo leitor bem informado percebeu que estava diante de um "cozidão".

Os dois principais fatos da reportagem: as declarações de Sepúlveda Pertence e de Marco Aurélio de Mello foram colocadas nos devidos termos pelos próprios Ministros.

O desmentido de Sepúlveda

No dia 20 de agosto de 2007, o jornalista *Bob Fernandes*, da Terra Magazine, ouviu o Ministro Sepúlveda Pertence.

- Ministro, boa tarde. Estou ligando para falar sobre a denúncia –, sobre a hipótese de grampo telefônico contra o senhor, contra ministros do Supremo, publicada na *Veja* desta semana.

- Sim, eu falei com a revista sobre o assunto.

- O senhor foi grampeado?

- ... falei sobre um assunto que aconteceu comigo (publicado neste Terra Magazine em janeiro, leia aqui).

- Sim, é um assunto que conhecemos. Mas, lhe faço uma pergunta: O senhor crê ter sido grampeado?

– Não...
– O senhor acredita ter sido grampeado, ou seus colegas terem sido grampeados?
– Não, não creio em grampos contra mim.
– Nem contra...
– Não, não tenho nenhuma razão para crer em grampo telefônico...
– Mas...
– ... o que eu falei foi sobre aquele episódio... salvo aquele episódio, não tenho nada a dizer sobre este assunto.
– O ministro Marco Aurélio Mello já desmentiu, nesta segunda, a existência de grampo, disse que falava por ele... O senhor acha que houve um engano?
– ... um engano.

O desmentido de Mello

No domingo do próprio fim de semana em que a capa saiu, ouvido pelas rádios, Marco Aurélio Mello desmentiu o teor da matéria.

> *Denúncia de grampo no STF era falsa*
> *O Globo;*
> *BRASÍLIA - A Polícia Federal afirma que era falsa a denúncia de que agentes federais estariam negociando escutas telefônicas com conversas de ministros do Supremo Tribunal Federal (STF). A investigação mostrou que os e-mails apócrifos recebidos pelo ministro Marco Aurélio de Mello, relatando o suposto grampo, faziam parte de uma vingança pessoal. Um funcionário do INSS exonerado por corrupção tentou incriminar o delegado da PF que o investigou.*
>
> *Marco Aurélio recebeu o resultado da investigação do ministro da Justiça, Tarso Genro, e o encaminhou ao procurador-geral da República, Antônio Fernando de Souza.*
>
> *– O sujeito (funcionário do INSS) queria fustigar o delegado. Trata-se de retaliação. Foi satisfatória a apuração. Dei o episódio como suplantado – disse Marco Aurélio.*

Requentando o recozido

Na semana seguinte, a direção de redação recorreu aos mesmos estratagemas conhecidos, para dar sobrevida à falsificação.

Na seção de cartas, só foram publicadas aquelas a favor. Mais: recorreu-se à velha barganha para garantir a continuidade do tema. Em troca de visibilidade um deputado anunciava a intenção de abrir uma CPI. O contemplado foi o ex-Secretário de Segurança do Rio de Janeiro, Marcelo Itagiba, um dos personagens da indústria de dossiês.

Dizia a matéria:

> "Os grampos telefônicos, uma das principais ferramentas de investigação policial da atualidade, vão passar por uma devassa. Na semana passada, a Câmara dos Deputados recolheu 191 assinaturas para criar a CPI dos Grampos, que pretende investigar a suspeita de que ministros do Supremo Tribunal Federal (STF) tiveram seus telefones interceptados ilegalmente, conforme VEJA noticiou em sua edição passada. Cinco dos onze ministros do STF admitiram publicamente a suspeita de que suas conversas telefônicas podem estar sendo bisbilhotadas clandestinamente. A CPI, que terá prazo de 120 dias para concluir a investigação, deverá ser instalada já no início do próximo mês. "Quando a mais alta corte do país se sente ameaçada e intimidada, isso é uma coisa muita séria, que precisa de uma resposta urgente", diz o deputado Marcelo Itagiba, do PMDB do Rio de Janeiro, delegado licenciado da Polícia Federal e autor do requerimento de criação da CPI".

Era a mesma manobra do caso Edson Vidigal. Na ocasião soltou a matéria e informou que o Conselho Nacional de Justiça recebeu uma denúncia. Houve denúncia, de fato, mas depois da matéria ter sido publicada – e utilizando a própria matéria como elemento de prova. A armação era nítida, como era nítida a armação com Itagiba, para propor a CPI.

O factoide da escuta no Supremo foi um marco importante, por ter sido o primeiro absurdo da *Veja* que não mereceu repercussão na mídia. Até então, todos os abusos eram repercutidos, por um efeito pavloviano.

Mas, como resultado do factoide, o Congresso abriu uma CPI do Grampo, tendo como relator o próprio Marcelo Itagiba. E, na época, a revista ainda conseguiu que um Ministro do STF, Joaquim Barbosa, aceitasse participar de sua campanha publicitária.

Era apenas um ensaio para os capítulos seguintes, de tentativa de amordaçar a Polícia Federal, que já trabalhava a Operação Satiagraha.

O grampo no Supremo

Na edição de 13 de agosto de 2008 a capa da revista vinha com o título retumbante: "Exclusivo: Espiões Fora de Controle". E a informação de que documento obtido por Veja mostra que o STF foi investigado. E que o Palácio do Planalto também investigava escuta clandestina na antessala de Lula.

O título interno era "De olho em nós" e trazia trecho de um relatório da Secretaria de Segurança do STF com os dados sobre a suposta escuta captada.

Segundo a reportagem, assinada por Diego Escosteguy e Policarpo Junior, espiões se instalaram do lado de fora do tribunal e usaram equipamentos para interceptar as conversas dos Ministros. A revista valia-se de uma esperteza comum – a "suponhamos que" – para incrementar a reportagem:

> "Caso tenham conseguido realmente ouvir as conversas dos ministros, está-se diante de um grave e inaceitável ataque à democracia".

A localização da escuta teria sido feita durante uma varredura eletrônica de rotina em 10 de julho anterior, dizia a revista. "Utilizando um aparelho rastreador, os técnicos identificaram uma frequência de rádio de forte intensidade na sala 321, onde despacha o assessor-chefe da presidência".

Segundo a matéria, não teria sido possível identificar a origem exata do sinal. "Mas suspeita-se, pela natureza da frequência medida, que os espiões estivessem com seus equipamentos em um estacionamento próximo".

Os técnicos evitaram afirmar que era grampo, por não conseguir modular a transmissão.

Em cima dessas informações frágeis, a revista lançava insinuações sobre o juiz Fausto De Sanctis, da Operação Satiagraha.

A denúncia ajudou na prorrogação da CPI dos Grampos.

Convocado, o chefe da Segurança do STF entregou o relatório à CPI. Colocado no site, imediatamente um leitor trouxe o arquivo para o Blog Luis Nassif. Publiquei o arquivo. Em menos de meia hora, quatro leitores, engenheiros-eletrônicos desfaziam a trama.

O relatório falava em sinais captados de fora para dentro. Em hipótese alguma poderia ser grampo, cujos sinais teriam que ser de dentro para fora.

Além disso, pela demora da segurança em localizar os aparelhos, eles teriam que ser minúsculos. Sendo minúsculos, a escuta demandaria grandes antenas de captação. Como não se identificou nenhum carro com antena na rua, o veículo só poderia estar em um estacionamento.

Valendo-se do Google Maps, outro leitor mostrou que os dois únicos estacionamentos voltados para o ponto da presumível escuta eram os do próprio STF e do Planalto.

Era um factoide evidente.

Mesmo assim, o estardalhaço da revista ajudou a prorrogar a CPI e a manter o clima de sobressalto no país[23].

Algumas reportagens lembraram que o assessor especial de Gilmar para assuntos de escuta era o aranponga Jairo Martins, homem de Cachoeira.

---
[23] https://goo.gl/u2LXAh

O grampo sem áudio

Na edição de 3 de setembro de 2008 *Veja* voltou à carga com outra reportagem bombástica: "A ABIN gravou o Ministro".

A prova era a transcrição de um suposto grampo de uma conversa entre Gilmar Mendes e o então mosqueteiro Demóstenes Torres. Segundo relato da reportagem de Policarpo Jr e Expedito Filho, o material foi encaminhado por um servidor da própria ABIN, sob a garantia do anonimato.

A revista se valia de adjetivo que mais empregou naqueles tempos de escandalização, para afirmar que o relato era "estarrecedor".

A transcrição do suposto grampo trazia uma conversa curiosa entre dois homens públicos tecendo loas recíprocas, ambos em favor da moralidade. Era um caso raro de grampo a favor.

> GILMAR MENDES – Oi, Demóstenes, tudo bem? Muito obrigado pelas suas declarações.
> DEMÓSTENES TORRES – Que é isso, Gilmar. Esse pessoal está maluco. Impeachment? Isso é coisa para bandido, não para presidente do Supremo. Podem até discordar do julgado, mas impeachment...
> GILMAR – Querem fazer tudo contra a lei, Demóstenes, só pelo gosto...
> DEMÓSTENES – A segunda decisão foi uma afronta à sua, só pra te constranger, mas, felizmente, não tem ninguém aqui que embarcou nessa "porra-louquice". Se houver mesmo esse pedido, não anda um milímetro. Não tem sentido.
> GILMAR – Obrigado.
> DEMÓSTENES – Gilmar, obrigado pelo retorno, eu te liguei porque tem um caso aqui que vou precisar de você. É o seguinte: eu sou o relator da CPI da Pedofilia aqui no Senado e acabo de ser comunicado pelo pessoal do Ministério da Justiça que um juiz estadual de Roraima mandou uma decisão dele para o programa de proteção de vítimas

> ameaçadas para que uma pessoa protegida não seja ouvida pela CPI antes do juiz.
> GILMAR – Como é que é?
> DEMÓSTENES – É isso mesmo! Dois promotores entraram com o pedido e o juiz estadual interferiu na agenda da CPI. Tem cabimento?
> GILMAR – É grave.
> DEMÓSTENES – É uma vítima menor que foi molestada por um monte de autoridades de lá e parece que até por um deputado federal. É por isso que nós queremos ouvi-la, mas o juiz lá não tem qualquer noção de competência.
> GILMAR – O que você quer fazer?
> DEMÓSTENES – Eu estou pensando em ligar para o procurador-geral de Justiça e ver se ele mostra para os promotores que eles não podem intervir em CPI federal, que aqui só pode chegar ordem do Supremo. Se eles resolverem lá, tudo bem. Se não, vou pedir ao advogado-geral da Casa para preparar alguma medida judicial para você restabelecer o direito.
> GILMAR – Está demais, não é, Demóstenes?
> DEMÓSTENES – Burrice também devia ter limites, não é, Gilmar? Isso é caso até de Conselhão.
> (risos)
> GILMAR – Então está bom.
> DEMÓSTENES – Se eu não resolver até amanhã, eu te procuro com uma ação para você analisar. Está bom?
> GILMAR – Está bom. Um abraço, e obrigado de novo.
> DEMÓSTENES – Um abração, Gilmar. Até logo.

A segunda questão é que não vinha acompanhado de nenhum áudio.

Mesmo assim, a revista não se pejou de divulgar a suposta denúncia da suposta fonte, de que a ABIN grampeara Deus e o diabo, de Gilberto Carvalho a Dilma Rousseff, do senador Garibaldi Alves a Tasso Jereissatti.

Nos dias seguintes, a versão foi engolfada por um mar de dúvidas.

Questionado pelo jornal O Globo, Demóstenes limitou-se a afirmar que houve a conversa e que havia cinco testemunhas na sala. Por sua vez, Gilmar defendeu-se dizendo que, na condição de vítima, não caberia a ele provar nada.

Seria simples para a revista dirimir as dúvidas. Bastaria apresentar o áudio e permitir que fosse periciado.

Sem nenhuma bússola, a imprensa permitiu-se toda sorte de especulações.

Por aquele período, ainda não haviam sido reveladas as relações da Veja e de Demóstenes com a organização criminosa de Carlinhos

Cachoeira. Nem se deu muita atenção à informação de que Gilmar trouxera para dentro do Supremo o araponga Jairo Martins.

Sem o arquivo do grampo, qualquer um poderia ter feito essa armação: o Demóstenes, um araponga contratado pela *Veja*, alguém da ABIN, da PF, ou Gilmar Mendes (já que não existe cidadão acima de qualquer suspeita). O senador Demóstenes já havia se envolvido em outros episódios em que aparecia como vítima de grampo. Nos dois casos – o primeiro deles em Goiânia – a denúncia foi-lhe favorável e desfavorável aos seus inimigos.

Em depoimento na CPI do Grampo, o diretor da ABIN Paulo Lacerda negou que a agência tivesse equipamentos de grampear.

Nos dias seguintes, o Ministro da Defesa Nelson Jobim saiu em defesa de Gilmar e sustentou que a ABIN dispunha desse equipamento. Jobim afirmou que seu Ministério descobriu que a ABIN adquiriu o equipamento aproveitando uma licitação já iniciada pelas Forças Armadas.

O depoimento de Jobim foi decisivo.

Convocado para a CPI, Jobim apresentou a lista de compras da ABIN.

Um comentarista do meu Blog faz uma rápida pesquisa na Internet e descobriu que a lista fazia parte do catálogo de um vendedor de equipamentos de escuta. Até erros de digitação mostravam a coincidência com a lista apresentada por Jobim. Ele se limitara a copiar a página do site.

O desmentido se tornaria completo com uma nota do comandante do Exército, general Enzo Martins Peri, confirmando a compra de um equipamento de varredura de grampos telefônicos usado pela ABIN. O general sustentou que o equipamento só detectava grampos e não podia fazer escutas telefônicas.

Importado dos EUA, o Oscor 5000 é um computador portátil e uma maleta 005.

Dois representantes do fabricante, Research Eletronic International (REI), confirmaram que o aparelho não fazia escuta. A um custo entre R$ 500 mil e R$ 1,5 milhão, ele capta transmissões de rádio e TV, mas não decodifica conversas em telefones fixos ou celulares.

Não apenas o Exército, mas a Procuradoria Geral da República e o Superior Tribunal de Justiça e o Senado tinham equipamentos similares.

De nada adiantaram as explicações. Lacerda foi demitido da ABIN e remetido para a embaixada brasileira em Portugal. Ali, Lula começava a perder o controle da Polícia Federal.

Dez meses depois, a Polícia Federal encerrou o inquérito sobre a suposta escuta. Segundo os delegados William Morad e Rômulo Berredo, responsáveis pelo inquérito, a suposta gravação não foi encontrada. Logo, seria impossível afirmar que o grampo existiu ou não existiu.

O arquivamento do caso mereceu um duro artigo do desembargador aposentado Walter Maierovitch na Carta Capital:

> 1. Todos lembram da indignação do ministro Gilmar Mendes no papel de vítima de ilegal escuta telefônica, que tinha como pano de fundo a Operação Satiagraha.
>
> Gilmar Mendes parecia possuído da ira de Cristo quando expulsou os vendilhões do templo. A fundamental diferença é que a ira de Mendes não tinha nada de santa.
>
> Ao contrário, estava sustentada numa farsa. Ou melhor, num grampo que não houve, conforme acaba de concluir a Polícia Federal, em longa e apurada investigação.
>
> (...) 3. Numa prova de fraqueza e posto de lado o sentimento de Justiça, o presidente Lula acalmou o ministro e presidente Gilmar Mendes. Ofertou-lhe e foi aceita a pedida cabeça do honrado delegado Paulo Lacerda, então diretor da Agência Brasileira de Inteligência (ABIN).
>
> (...) Conforme sustentado à época, — e Lula acreditou apesar da negativa de Paulo Lacerda–, a gravação da conversa foi feita por agente não identificado da Agência Brasileira de Inteligência (ABIN). E o ministro Nelson Jobim emprestou triste colaboração no episódio, a reforçar a tese de interceptação e gravação. Mendes e Jobim exigiram a demissão de Paulo Lacerda.
>
> A conclusão do inquérito policial será encaminhada ao ministério Público, que deverá analisar a conduta de Mendes, à luz do artigo 340 do Código Penal.
> Sua precipitação, dolosa ou não, não será apreciada pelo Conselho Nacional de Justiça, dado como órgão corregedor e fiscalizador da Magistratura.

> Nenhum ministro do STF está sujeito ao Conselho Nacional de Justiça (CNJ), como se nota, um órgão capenga no que toca a ser considerado como de controle externo da Magistratura (menos o STF).
> Viva o Brasil.

Nada ocorreu com Gilmar.

Mas em um ponto ele tinha razão. Os abusos da Satiagraha, mais que isso, a maneira como a operação foi abortada, deixaram um sentimento de revanche no ar que, alguns anos depois, explodiria na Operação Lava Jato. Desta vez, a imprensa convalidou a operação porque, na outra ponta, não havia banqueiros, apensa inimigos políticos.

O encontro de Gilmar com Lula

No dia 30 de maio de 2012, Veja produziu mais um factoide. Reportagem de Rodrigo Rangel e Otávio Cabral mencionava uma suposta reunião entre Lula e o Ministro Gilmar Mendes, na qual Lula teria feito propostas indecorosas.

Segundo a reportagem um mês antes, Gilmar foi convidado para uma conversa com Lula em Brasília. O encontro aconteceu no escritório de advocacia de Nelson Jobim, ex-ministro do STF e ex-ministro da Justiça de Lula.

Segundo a reportagem, após algumas amenidades, Lula abordou Gilmar, afirmando ser inconveniente julgar o processo naquele momento. Segundo a reportagem, Lula teria dito que o melhor momento seria após as eleições.

A reportagem não ficou por aí.

Garantiu que Lula teria afirmado deter o controle político da CPI de Cachoeira e oferecido proteção a Gilmar, "dizendo que ele não teria motivo para preocupação com as investigações'". Segundo a reportagem, a mensagem foi a seguinte: "se Gilmar aceitasse ajudar os mensaleiros, ele seria blindado na CPI".

Ainda segundo o relato, Lula teria perguntado da viagem de Gilmar a Berlim – havia suspeitas de que teria se encontrado por lá com o senador Demóstenes Torres, seu amigo, e pegado uma carona no jatinho de Carlinhos Cachoeira. Gilmar teria confirmado a viagem – disse que ia a Berlim como Lula ia a São Bernardo, por ter uma filha morando lá. E desafiou: "Vá fundo na CPI".

Na copa do escritório de Jobim, segundo o relato, enquanto Lula comia frutas, Gilmar teria ouvido relatos "nada enobrecedores" sobre seu plano B: recorrer a Sepúlveda Pertence para pressionar a Ministra Carmen Lúcia. E ao jurista Celso Antônio Bandeira de Mello para influenciar o Ministro Ayres Britto.

A conversa prosseguia repleta de insinuações sobre a maneira com que supostamente Lula se referia a cada Ministro.

Segundo a reportagem, "o ex-Ministro Nelson Jobim confirma que agendou o encontro entre Lula e Gilmar, mas diz que não ouviu tudo o que foi conversado".

Sepúlveda Pertence e Carmen Lúcia negaram qualquer abordagem.

Empenhado em se aproximar da mídia, o único aval à reportagem foi dado pelo então presidente do STF Carlos Ayres Britto. Ayres teria dito aos repórteres que agora fazia sentido para ele o fato de, na última vez que se encontrara com Lula, ele ter-lhe perguntado de Bandeira de Mello.

Ora, Ayres Britto tornou-se Ministro do STF graças à influência de Bandeira de Mello junto a Lula. Provavelmente Lula só soube dele através das recomendações de Bandeira. Empenhado em se aproximar da imprensa, Ayres transformou o cumprimento em "sinal amarelo".

A manobra de Gilmar influenciou outros ministros, sábios do direito, ingênuos da política. No mesmo dia da edição de *Veja*, o site "Consultor Jurídico", correu para obter declarações do decano do STF, Ministro Celso de Mello, antes que as informações pudessem ser desmentidas.

Celso acatou passivamente a história e se indignou, usando o "se" como recurso estilístico para entrar no jogo:

"Se ainda fosse presidente da República, esse comportamento seria passível de impeachment por configurar infração político-administrativa, em que um chefe de poder tenta interferir em outro".

No domingo, em entrevista ao jornal Zero Hora, Nelson Jobim fez um desmentido cabal.

Negou que Lula tivesse pedido o adiamento do julgamento. Garantiu que houve apenas uma conversa institucional, "que não teve nada nesses termos que a Veja está se referindo". A conversa girou exclusivamente em torno de uma pesquisa que estava sendo tocada pelo IDP (Instituto Brasiliense de Direito Público), de Gilmar.

Garantiu que em nenhum momento Lula e Gilmar ficaram a sós.

Quando o jornal perguntou de onde surgiu a história toda, Jobim foi taxativo: "Você tem que perguntar ao Gilmar, não a mim".

E, aí, a questão central.

> ZH — *Veja disse que o senhor não negou o teor da suposta conversa. Por que o senhor não negou antes?*
>
> JOBIM — *Como não neguei? Me ligaram e eu disse que não. Eu disse para a Veja que não houve conversa nenhuma.*

Nas semanas seguintes, foram sendo encaixadas as últimas peças do quebra-cabeças. O encontro com Lula ocorreu cerca de um mês antes da publicação pela Veja. A suposta indignação de Gilmar, portanto, foi contida durante um mês.

Nesse período, a diretora de redação da rede Globo em Brasília teria dito a Gilmar que no Palácio comentavam sobre o encontro com Lula — típica futrica brasiliense. Segundo Gilmar, foi aí que ele decidiu contar sua versão.

À medida que sua versão foi sendo desmontada, Gilmar arreglou.

Em entrevista à Veja Online, no dia 1º de dezembro de 2014, passou outra versão sobre o ocorrido. Nela, Gilmar admitiu que partiu dele o convite para o encontro com Lula.

À Veja, o ministro do Supremo reafirmou o que havia dito, em maio de 2012, ao jornal Zero Hora: que o encontro se deu no escritório de Jobim. Mas esclareceu que ele mesmo solicitou a reunião. Gilmar afirmou que só contou à imprensa que Lula o havia pressionado para adiar o julgamento do mensalão após ouvir de jornalistas, em off, que o Planalto espalhara boatos sobre seu envolvimento com Cachoeira e Demóstenes Torres.

A entrevistadora quis ouvir do Ministro, novamente, se houve pressão de Lula para que o julgamento fosse adiado.

Conforme relato do Jornal GGN de 1º de dezembro de 2014, a entrevista transcorreu assim:

> "Houve tentativa de achaque, à época?", perguntou ela. "Eu interpretei que sim", respondeu o ministro.
>
> "Mas na verdade, isso precisa ser contextualizado", emendou. "Eu queria falar com Lula em função de sua doença. Eu cultivei boa relação com ele à época de sua presidência. Eu liguei várias vezes para saber do seu estado de saúde. E em uma conversa com Jobim, eu disse que quando Lula estivesse em Brasília, eu gostaria de encontrá-lo", justificou.
>
> Gilmar Mendes ainda disse que "fizeram o diabo para impedir o julgamento do mensalão". "Dois colegas foram retirados desse julgamento, produziram duas vagas com esse retardo deliberado. Havia um projeto nesse sentido. Fazer o diabo é perfeito para aquele momento. Tudo que puderam, fizeram para adiar", completou.

A tergiversação de Gilmar não tinha sentido. A reportagem da revista não necessitava de contextualização: trazia denúncias objetivas que foram desmentidas pelos personagens mencionados.

O episódio serviu para radicalizar ainda mais o julgamento.

E tudo não passara de uma enorme *fake News*.

Outras disputas comerciais

Com seu poder de influência, não foram poucas as investidas comerciais da revista Veja, em temas que nada tinham de político, mas envolviam grandes interesses empresariais.

A guerra das cervejas

As jogadas de Veja não se restringiam ao campo político-ideológico. O que sempre orientou a cobertura enviesada foram os interesses comerciais.

Em alguns momentos, o jogo comercial se escancarava. É o que ocorreu na guerra das cervejas, um capítulo didático para mostrar como a mídia, valendo-se de sua capacidade de construir ou destruir imagens, monta suas parcerias comerciais.

Há tempos, o publicitário Eduardo Fischer recebia tratamento privilegiado da *Veja*, especialmente através da seção *Radar*. Esse apoio ficou mais ostensivo nas chamadas "guerras das cervejas"

As notas visavam criar expectativas em cima de suas campanhas, reforçar sua imagem, em um mercado onde a imagem tem efeito direto sobre o valor das contas.

Em 25 *de junho de 2003*, o *Radar* anunciava uma nova campanha na praça, da Schincariol, comandada por Fischer. Seu papel não seria de um mero publicitário:

"Eduardo Fischer – justamente o publicitário que inventou para a Brahma o slogan "a número 1" – estará à frente da esquadra da Schincariol. Ele não criará somente as campanhas publicitárias. Fischer se meterá também na distribuição, estratégia de preços, criação de novos produtos e tudo o mais."

Em 20 *de agosto de 2003*, o *Radar* falava de uma "ousada tacada" da Schincariol, que "viria nas asas de uma das maiores campanhas publicitárias que já se viram no setor de cervejas". A ideia seria fazer desaparecer a marca Schincariol do mercado e, em seu lugar, criar uma nova marca para enfrentar a líder Skol.

Informava que "o publicitário Eduardo Fischer, comandante-em-chefe da virada da Schincariol, não confirma a informação. Mas onde há fumaça, há fogo – ou, neste caso, onde há espuma, há cerveja".

Em 18 *de dezembro de 2003*, uma grande matéria sobre a guerra das cervejas, mais uma vez enaltecendo o trabalho de Fischer.

"A gota de água dessa guerra foi uma brilhante campanha de propaganda feita para a Nova Schin pelo publicitário paulista Eduardo Fischer. Em noventa dias, ao custo estimado de 80 milhões de reais, Fischer conseguiu elevar a participação de mercado da Schincariol de 10,1% para 14,1%, segundo dados da ACNielsen. O salto é estrondoso.".

Uma semana depois, em 24 *de dezembro de 2003*, através de um expediente bisonho abre-se novo espaço para Fischer, na seção de Cartas dos Leitores: a publicação de uma carta do próprio Fischer, dividindo as honrarias recebidas com sua equipe:

> "Agradeço a menção elogiosa feita pela revista à campanha publicitária produzida pela FischerAmérica para um de seus clientes, o Grupo Schincariol, mas gostaria de ressaltar que a realização de um importante trabalho criativo não pode ser creditada a uma só pessoa. Quero destacar que a "brilhante campanha de propaganda feita para a Nova Schin", como a própria VEJA definiu, é fruto da competência, envolvimento e ativa participação de toda a equipe de criação da agência FischerAmérica, da qual muito me orgulho, em especial do diretor de criação, Átila Francucci."

Cada passo de Fischer na Schincariol era precedido de espuma, na Veja – quase sempre na seção Radar, às vezes na Holofote.

Em 14 de janeiro de 2004, um mês após as notas anteriores, nova nota no Radar antecipando mais um sucesso do publicitário:

> O "Experimenta" muda de guerra
> Agora que, pela nova regulamentação da propaganda de cerveja, não pode mais usar o "Experimenta" nos comerciais da Nova Schin, a Schincariol está estudando uma idéia que vai dar o que falar. Deve utilizar o mais bem-sucedido bordão publicitário dos últimos tempos para o relançamento do guaraná da empresa – que vem aí para incomodar o eterno líder Guaraná Antarctica e o Kuat.

O jogo de levantar a bola continuou em 2005. Durante toda a campanha da Schincariol, não havia mais ninguém para compartilhar do mérito: apenas Fischer. Em qualquer matéria consistente de negócios, há análises sobre outros fatores, como distribuição, pontos de venda, estratégias comerciais. Nas matérias da Veja, enfatizava-se apenas o lado de marketing e a genialidade de Fischer.

No dia 9 de dezembro de 2005, por exemplo, o Holofote soltava uma nota laudatória sobre o publicitário:

O caso Femsa

> **"Experimenta" de todas**
>
> O publicitário Eduardo Fischer, da Total, foi contratado pela mexicana Femsa para reposicionar a Kaiser no mercado nacional. Há quatro anos, a marca tinha uma fatia de 15% dos consumidores. Hoje, tem 5%. Fischer disporá de cerca de 250 milhões de reais para levantar as vendas da cerveja, um produto que está entre suas especialidades. Ele já produziu campanhas para Brahma, Skol e Nova Schin. Para a última, criou o slogan "Experimenta", que a AmBev denunciou como ilegal em 2003. Curiosamente, um relatório do banco Bear Stearns divulgado na semana passada afirma que a AmBev copiou a campanha do "Experimenta" no Peru. Até o momento, Fischer tem se recusado a falar sobre esse assunto.
>
> *Fischer: agora, ele é da Kaiser*

Depois que Fischer perdeu a conta da Schincariol, a revista não falou mais da empresa, a não ser em matérias policiais, quando a diretoria foi presa por sonegação de impostos. A cerveja preferida agora, era outra, a Kaiser, a partir do momento em que contratou o publicitário.

No dia 24 de maio de 2006, *Radar* reservou seu melhor espaço para a contratação de Eduardo Fischer pela mexicana Femsa – que havia adquirido a Kaiser. Era um Box, com cor diferenciada e foto do publicitário, um lugar de destaque na seção de maior leitura da revista. A nota era altamente laudatória.

> *Ele já produziu campanhas para Brahma, Skol e Nova Schin. Para a última, criou o slogan "Experimenta", que a AmBev denunciou como ilegal em 2003. Curiosamente, um relatório do banco Bear Stearns divulgado na semana passada afirma que a AmBev copiou a campanha do "Experimenta" no Peru. Até o momento, Fischer tem se recusado a falar sobre esse assunto.*

No dia 4 de outubro de 2006 uma nota do Radar visava criar expectativa sobre a campanha da FEMSA.

"*O grande segredo do mercado publicitário e do setor de cervejas começa a ser desvendado nos próximos dias. Mas só em parte. Trata-se da retumbante estratégia da Femsa, a mexicana dona da Kaiser, para sacudir o mercado. O objetivo do diretor da Femsa, Ernesto Silva, é sair rapidamente dos cerca de 7,5% de participação de mercado para dois dígitos. Reservadamente, ele tem dito que haverá uma megacampanha para recuperar a marca Kaiser*".

A nota também saíra com destaque no Radar, em um box colorido e com a foto do diretor da FEMSA, Ernesto Silva.

No dia 18 de outubro de 2006, saiu uma matéria grande na editoria de Economia, "Duelo de Gigantes no Brasil":

"Mais uma guerra das cervejas está em curso. Desta vez, entre duas multinacionais"

A matéria dizia que a Ambev teria montado uma sala de guerra para enfrentar os mexicanos. Seriam dois os motivos:

"*Primeiro, a publicação de uma foto em que a bela atriz Karina Bacchi aparece beijando José Valien, conhecido como o "baixinho da Kaiser". Parte da imprensa chegou a acreditar que se tratava de um novo casal na praça, mas a tropa mobilizada pela AmBev não tardou a descobrir a verdade: era jogada de marketing da concorrente*".

O outro motivo de alvoroço nas fileiras da AmBev foi que no mesmo dia começou a ser veiculada na TV a nova campanha publicitária da Femsa, gigante mexicana que comprou a Kaiser no início do ano. Os dois episódios marcaram o início de mais uma guerra das cervejas. Esse promete ser um combate como nunca houve no país. Mais barulhento do que o ocorrido em 2003, quando a Schincariol lançou a Nova Schin e surpreendeu o mercado com o bordão "Experimenta". Ou do que o duelo entre as brasileiras Brahma e Antarctica, no início dos anos 90".

A falta de habilidade jornalística era nítida. Era necessário mobilizar uma tropa na Ambev para descobrir que o "caso" entre o Baixinho e a atriz Karina Bacchi era jogada publicitária.

Na Ambev ninguém entendeu a razão da matéria. O fato da Femsa ser multinacional não significava nada, já que a Kaiser foi vendida para ela por outra multinacional — a canadense Molson

– que falhou. No campo específico das cervejas, a Molson era maior que a Femsa – que também é sócia da Coca-Cola.

Depois, a troco de quê o Baixinho da Kaiser beijando uma modelo provocaria uma operação de guerra na líder disparada do mercado? E que história era aquela de um "um combate como nunca houve no país"?

O colunista foi procurado pela Ambev e informado de que não havia nenhuma operação especial contra a Femsa. Foi convidado a visitar a empresa, para conferir se havia alguma sala de guerra. Não adiantou. A matéria ironizou as declarações da Ambev:

> "Não houve uma vírgula de mudança em nossas estratégias", diz Alexandre Loures, gerente de comunicação da AmBev. Não é bem assim. Internamente as discussões denotam um pouco mais de preocupação. A sala de guerra da empresa estava em estado de alerta havia meses, aguardando o início da ofensiva de Fischer".

Não havia nenhuma fonte confirmando essa informação do "estado de guerra". Tudo era espuma para criar uma expectativa junto ao público, uma guerra capaz de dar visibilidade à campanha e repercussão na mídia.

Como sempre, a matéria não poupava elogios a Fischer.

> "O comandante da investida mexicana é o publicitário Eduardo Fischer, que já trabalhou para a rival – foi o criador do slogan "Número 1", para a Brahma – e depois se tornou um especialista em enfrentá-la. "Meu estilo é jiu-jítsu: quanto maior o tamanho (do concorrente), maior a queda", diz Fischer. Ele virou uma pedra no sapato da AmBev desde que criou a campanha "Experimenta", um sucesso tão estrondoso que em pouco mais de dois meses a Schincariol aumentou de 9% para 15% sua participação no mercado e virou um fenômeno no setor de cervejas.

> A multinacional aposta que Fischer conseguirá repetir o sucesso da campanha de 2003. Embora a empresa não admita publicamente, sua meta imediata é tirar da Schincariol a vice-liderança nas vendas. "Uma companhia do tamanho da Femsa não vai entrar no Brasil para ser terceiro ou quarto lugar. Para fazer sentido investir aqui, ela vem no mínimo para ocupar a vice-liderança", afirma Poppe, da Mellon.

No dia 29 de novembro outra nota no Radar, falando do Baixinho da Kaiser, nota incompreensível:

> Baixinho invocado
> Sem alarde, o baixinho da Kaiser mudou de namorada. Depois de terminar seu "romance" com a estonteante Karina Bacchi, ele aparecerá nos próximos dias namorando Adriane Galisteu. O cara é fogo!

Qual a justificativa para esse tipo de nota, que destoava completamente do estilo do Radar?

No dia 13 de dezembro de 2006, outra nota do Radar, falando da "artilharia da Femsa", mas mostrando mudanças irrisórias no mercado:

> Resultado (parcial) da guerra
> A artilharia da Femsa sobre a AmBev acabou atingindo em cheio a Schincariol e parcialmente a Petrópolis. O resultado de novembro da Nielsen revela que a AmBev cresceu 0,2 pontos porcentuais no segundo mês de ataque da Femsa. Sua participação de mercado passou para 68,8%. A Femsa subiu de 8% para 8,5%. Já a Schincariol caiu de 12% para 11,4%.

No dia 5 de abril de 2007, finalmente, a revista Exame produziria uma matéria sobre o fracasso da Femsa:

> Até agora, em vez de crescer, mesmo que lentamente, a fatia da empresa nas vendas nacionais de cerveja caiu meio ponto percentual. Está hoje em 8,5%, segundo o instituto AC Nielsen. (A situação já foi pior. Em junho do ano passado, a participação da empresa atingiu 7,4%.) A Sol ainda não pode ser considerada um sucesso de mercado e a Kaiser segue com problemas para aumentar as vendas. Há alguns meses, os mexicanos decidiram reposicionar a marca do Baixinho reduzindo o preço, para que ela passasse a competir com a Antarctica e a Nova Schin.

Mesmo com a confirmação de que a estratégia da Femsa fracassara, através da seção Holofote, Veja insistia em levantar virtudes e afirmar que a empresa estava "incomodando a concorrência". De que maneira? Agora, com ações na Justiça.

> No ano passado, com a compra da Kaiser, a mexicana Femsa entrou no mercado brasileiro de cervejas. O presidente do grupo no país, Ernesto Silva, ainda não conseguiu ameaçar a liderança da AmBev, mas já incomoda a concorrência. A seu pedido, a Justiça determinou a suspensão da venda da cerveja Puerto del Sol, da AmBev, para evitar confusão com a marca Sol, dos mexicanos. Como a ordem judicial não foi cumprida, a AmBev viu-se multada em 15 milhões de reais.

A saga da Femsa na Veja encerrou-se melancolicamente no dia 16 de maio de 2007. A coluna Radar informou que

> Abril registrou uma mudança histórica no agitado mercado de cervejas brasileiro. Segundo os dados do Nielsen, a Petrópolis (dona da Itaipava, entre outras) ultrapassou a poderosa Femsa, dona das marcas Kaiser e Sol. É um fato inédito. Agora, a mexicana tem 8% do mercado total, contra 8,1% da brasileira.

A "batalha como nunca houve no país", a "retumbante estratégia", que permitiria à Kaiser ultrapassar a Shincariol e conquistar o segundo lugar, terminava com a Kaiser perdendo o terceiro lugar para a novata Petrópolis.

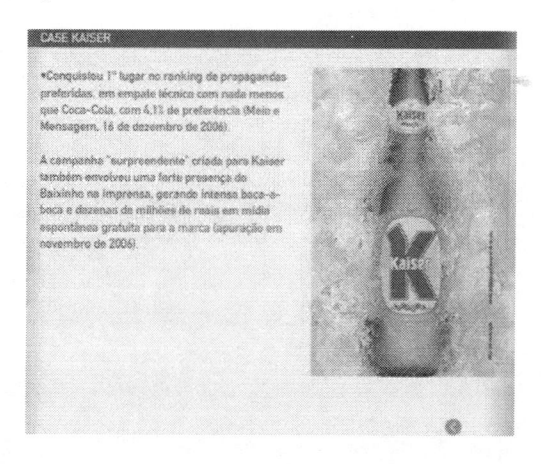

Uma leitura do balanço da campanha, no portfólio da Fischer América, permitiu entender a insistência da *Veja* em mencionar o Baixinho.

> "A campanha "surpreendente" criada para Kaiser também envolveu uma forte presença do Baixinho, gerando intenso boca-a-boca e dezenas de milhões de reais em mídia espontânea gratuita (apuração em novembro de 2006)".

As agências costumam conferir valores a matérias publicadas espontaneamente na imprensa, comparando a centimetragem das matérias com as da publicidade. Uma matéria na *Veja* teria um valor considerável na contabilidade da campanha. Sem contar o efeito-indução sobre outras publicações.

As notas sobre o Baixinho começavam a mostrar sua utilidade.

Durante esse período, a Ambev recebia tiros do *Radar*. E não de tratava de qualquer empresa, mas de um dos maiores anunciantes da *Veja* e da Abril. Outros personagens entraram na história, e, só após sua interferência, *Veja* voltou a escrever positivamente sobre a Ambev.

As reportagens sobre remédios

Um dos pontos obscuros no mercado publicitário são as relações entre a indústria de medicamentos e a mídia.

Tome-se a questão da publicidade dos remédios. Em qualquer país do mundo trata-se de um setor sujeito à supervisão das autoridades sanitárias. No caso do Brasil, da Anvisa.

O modo de burlar a fiscalização é através de reportagens (com claros indícios de serem) pagas.

Na revista *Veja* encontra-se de tudo, de capas frequentes sobre remédios milagrosos, até absurdos como "recomendar" ao Ministério da Saúde determinadas substâncias para o coquetel antiaids.

O caso do antiviral

Quando preparava a série sobre a *Veja*, deparei-me com uma matéria estranha, de um remédio antiaids da Pfizer que a revista – sem o respaldo de uma fonte científica sequer – sugeria para compor o coquetel antiaids do Ministério da Saúde.

Era uma reportagem comum, de página inteira, não um artigo científico, assinada por uma repórter sem formação médica. Falava das maravilhas de um novo princípio ativo da Pfizer, que traria avanços consideráveis no combate à aids, o Maraviroc.

Nos EUA, o FDA acabara de aprovar a droga. No Brasil, a Anvisa atuou de forma surpreendentemente rápida, aprovando-a no mesmo ano. E aí, uma repórter sem nenhuma especialização na área médica, sem pesquisar sites especializados no assunto, sem recorrer a uma fonte médica sequer, sugere que o remédio passe a integrar o coquetel antiaids do Ministério da Saúde.

A matéria fechava assim:

> "É muito provável, de acordo com os médicos, que as duas novas classes de drogas antiaids logo venham a fazer parte desse cardápio farmacêutico (o coquetel antiaids do Ministério da Saúde, sonho de todo laboratório que produz antivirais)".

A fonte da revista eram "os médicos".

O que estaria por trás desse soluço científico da revista?

Na época, nem o Ministério da Saúde nem a Sociedade Brasileira de Infectologia concordavam com a inclusão do novo princípio ativo, justamente devido ao fato de se exigir o teste prévio do paciente, oferecido por apenas um laboratório norte-americano associado à Pfizer.

Havia um conflito latente, discussões técnicas no Ministério da Saúde e em organismos científicos. Aí a empresa monta essa estratégia de se valer de uma revista sem nenhuma base científica, para "sugerir" ao Ministério a adoção do remédio.

O caso foi completado por um leitor.

Histórico do Caso Maraviroc (Celsentri)

15/8/2007 – A revista *Veja* faz propaganda disfarçada do medicamento anti-retroviral Maraviroc, exaltando suas qualidades na matéria "Esperança Dobrada".

24/9/2007 – "A Agência Nacional de Vigilância Sanitária (Anvisa) aprovou ontem um novo medicamento anti-retroviral indicado para pacientes com resistência ao coquetel antiaids, distribuído gratuitamente pelo Ministério da Saúde."

Em matéria baseada na assessoria de imprensa da Pfizer, redigida por Léo Nogueira e publicada no mesmo dia (24/9/2007), lê-se:

"A Agência Nacional de Vigilância Sanitária (Anvisa) aprovou hoje o anti-retroviral Celsentri (maraviroc). O medicamento vai integrar o coquetel de produtos para tratamento de pacientes com HIV/Aids que apresentam resistência ou que não toleram os remédios disponíveis".

Favas contadas, portanto.

11/1/2008 – Na matéria "'Conflito de interesse' pode atrapalhar negociação de Maraviroc no SUS, diz Mariângela Simão diretora do Programa Nacional de DST/Aids", vem a informação de que um pré--requisito para a utilização do medicamentos por pacientes portadores do vírus da Aids seria simplesmente este:

"... antes de utilizar o remédio, o paciente deve se submeter a um teste que está disponível em apenas um laboratório nos Estados Unidos, que mantém relações comerciais com a Pfizer. 'Temos uma situação complexa, há um potencial conflito de interesse, uma vez que o único laboratório que faz o teste de genotipagem tem relações comerciais com esta indústria farmacêutica', explicou em entrevista à Agência de Notícias da Aids."

Quer mais?

"... Só tem um laboratório no mundo que faz isso e foi contratado pelo laboratório produtor do Maraviroc [Pfizer] para validar o seu estudo [sobre a eficácia do medicamento]."

A matéria da *Veja* não mencionou essas duas informações jornalisticamente relevantes para o entendimento do caso.

2012 – O Celsentri foi retirado do coquetel antiaids (19 medicamentos) distribuído gratuitamente pelo Ministério da Saúde para cerca de 200.000 pessoas.

Não foi a primeira nem a última investida da revista no terreno pantanoso da publicidade médica disfarçada em reportagem.

O lobby a favor dos remédios de emagrecimento

Na edição de 23 de fevereiro de 2011 a reportagem de capa era uma defesa candente dos remédios para emagrecer:

"Remédios para Emagrecer: Por que é ruim proibir a venda".

Na abertura da reportagem, uma candente defesa... das liberdades individuais:

"A intenção da Anvisa de banir os anorexígenos, além de ferir as liberdades individuais, é uma ameaça à saúde de 16 milhões de brasileiros".

A Anvisa avaliava um conjunto de remédios vistos como inseguros para a saúde e sem eficácia comprovada. Alguns deles já tinham sido proibidos em outros países.

A revista se escudava na opinião de seus patrocinadores para uma defesa de uma classe de medicamentos contra outra.

> "Para a agência, o único composto antiobesidade que deveria permanecer à venda é o orlistat, princípio ativo do Xenival — um remédio caro, com efeitos colaterais bastante inconvenientes, por agir diretamente no intestino e de pouca eficácia terapêutica".

A opinião não era atribuída a nenhum especialista: era bancada diretamente pela revista. E atribuía um "caráter eminentemente ideológico" à decisão da Anvisa.

Atropelando todos os conceitos de regulação da saúde, previstos em qualquer país, a revista recorreu ao filósofo de direita Denis Lerrer Rosenfeld para uma defesa enfática do exercício da medicina sem nenhuma forma de regulação:

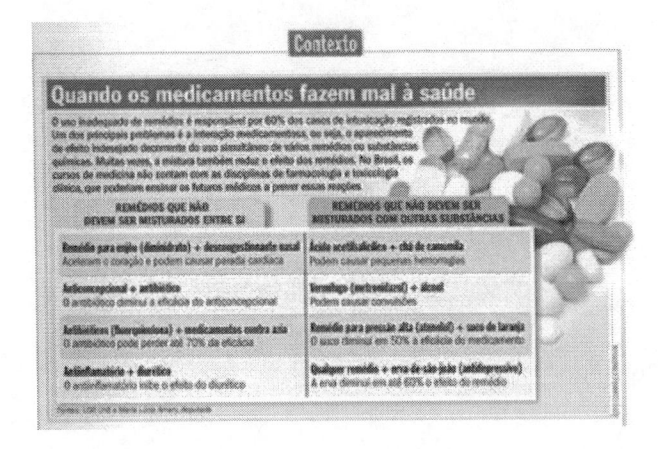

"Medidas como essa da Anvisa desconsideram a capacidade do médico de decidir pelo melhor tratamento para o seu paciente".

Como a coerência não é marca da revista, na edição de 11 de abril de 2007, no quadro "Quando medicamentos fazem mal à saúde", *Veja* denunciava:

"O uso inadequado de remédios é responsável por 60% dos casos de intoxicação registrados no mundo. Um dos principais problemas é a interação medicamentosa, ou seja, o aparecimento indesejado decorrente do uso simultâneo de vários remédios e substâncias (...) No Brasil, os cursos de medicina não contam com as disciplinas de farmacologia e toxicologia clínica, que podem ensinar os futuros médicos a prever essas reações."

O lobby não produziu efeito.

No dia 4 de outubro de 2010, a Anvisa decidiu pela proibição de um conjunto de remédios para emagrecer, após um processo de 643 páginas, elaborado ao longo de oito meses.

Os remédios para emagrecer

Em setembro de 2011 a revista publicou capa polêmica, recomendando o medicamento Victoza, do Laboratório Novo Nordisk, para combate à obesidade. O medicamento é para tratamento de diabetes tipo 2, não é recomendado para emagrecimento.

Novo Nordisk foi o mesmo laboratório beneficiado por José Serra, quando Ministro da Saúde, para inviabilizar a brasileira Biobras, fabricante de insulina.

A capa provocou enorme reação dos setores médicos, a ponto da Anvisa exigir uma Nota de Esclarecimento da Editora Abril.

Pouco tempo depois, Veja trouxe outra capa polêmica, em que expunha um rapaz alto ao lado de um baixinho e a informação, com base em uma certa "evolução tecnofísica", de que "Do alto tudo é melhor" (manchete de capa).

"A 'evolução tecnofísica' explica por que as pessoas mais altas são mais saudáveis e tendem a ser mais bem-sucedidas", dizia o texto complementar da capa.

No Blog, o leitor Hugo rebateu as pretensas afirmações científicas da revista.

"Tão rasa quanto a concepção de que os mais altos se saem melhor que os baixinhos, é a explicação dada sobre tal tese, tirada sabe-se lá de onde. Sem fontes claras – fossem elas estudiosos ou mesmo uma pesquisa quantitativa das que renderam a Fogel boa parte da relevância que tem hoje – a revista limita-se a exibir um quadro intitulado "Por que alguns centímetros a mais fazem diferença", citando relações mirabolantes entre altura e sucesso, e ao seguinte parágrafo, de autoria da própria redação da revista:

"A altura está associada também à produtividade, ao poder e ao sucesso. Pessoas mais altas são consideradas mais inteligentes e conseguem aumento de salário com maior facilidade do que as mais baixas. Medir 5 centímetros a mais do que os colegas de trabalho garante um salário 1,5% maior, ou 950 dólares suplementares no fim do ano. A altura é um quesito crucial até para a liderança. Entre 1789 e 2008, 58% dos candidatos mais altos à Presidência dos Estados Unidos ganharam as eleições. Barack Obama tem 1,85m. O republicano Mitt Romney, 1,88 metro".

O que leva uma revista com tal tiragem a montar capas dessa ordem?

Coube ao leitor Pedro Saraiva, médico, desvendar a trama, montada com o mesmo Novo Nordisk:

(...) Todos devem se lembrar de outra polêmica matéria, também sobre aparência e aceitação social, onde a revista faz uma descarada propaganda para a droga Liraglutida, comercializada pela empresa farmacêutica Novo Nordisk, sob o nome comercial Victoza®.

Esta medicação aprovada mundialmente apenas para uso no diabetes foi tratada como milagrosa no combate à obesidade, em uma das reportagens mais irresponsáveis que já vi a nossa imprensa publicar.

Na época, houve grande repercussão no meio médico e inúmeros especialistas e entidades médicas criticaram abertamente a revista. Até a ANVISA solicitou uma nota de esclarecimento à *Veja*. (...) faltou remédio para os diabéticos, aqueles que realmente tinham indicação de tomar o medicamento.

Uma semana depois, apesar de todas as críticas, a Revista M de mulher, também da Editora Abril, trouxe uma outra reportagem, assinada por outra jornalista, com a mesma falsa propaganda sobre a droga.

MDEMULHER

Victoza: o remédio que emagrece 7 kg

Veja como funciona o Victoza, o remédio que está causando uma revolução na perda de peso e promete emagrecer 7 kg em pouco tempo

Para completar o circo, em Novembro, outra publicação da Abril, a Revista Claudia, em nova reportagem, assinada por uma terceira jornalista, faz novamente irresponsável apologia ao uso do Victoza® como remédio para emagrecer.

Mas o que a reportagem desta semana tem a ver com estes fatos? Bom, a empresa farmacêutica Novo Nordisk atua basicamente em apenas 3 áreas da saúde: diabetes, distúrbios da coagulação e... distúrbios do crescimento.

As manipulações com livros

A seção "Mais Vendidos" é uma instituição da *Veja*. Criada nos anos 70, durante décadas se tornou o principal referencial de vendas de livros no país. Aparecendo na lista, aumentam as encomendas do livro e as livrarias passam a colocá-lo em lugar de destaque em vitrines e estantes. Há um ganho efetivo – intelectual e financeiro – em aparecer na relação.

No dia *10 de março de 2004*, o romance de estreia do redator-chefe Mário Sabino – "O Dia em que Matei Meu Pai"– foi resenhado na *Veja*. A resenha foi de responsabilidade do jornalista Carlos Graieb, repórter da revista e subordinado a Sabino. Era algo impensável, vetado por qualquer código de ética escrito ou tácito, um subordinado incumbido de resenhar o livro do chefe.

Todos os anos, no mês de dezembro, sai a lista dos "Livros do Ano" do "The Economist". A posição da revista quanto ao tratamento dado à obra de seus talentos internos, está resumida nas seguintes linhas:

"Nossa política é não resenhar livros escritos pela nossa equipe ou por colaboradores habituais, por que os leitores poderiam duvidar da independência dessas resenhas".

Na resenha que Graieb fez do livro de seu chefe, no entanto, os elogios eram derramados:

"Dois tipos de sedução aguardam o leitor de O Dia em que Matei Meu Pai (Record; 221 páginas; 25,90 reais). Primeiro, a sedução do bom texto literário, à qual ele pode se entregar sem medo. O romance de estréia do jornalista Mario Sabino, editor executivo de VEJA, é daqueles que se devoram rápido, de preferência de uma vez só, porque a história é envolvente e a linguagem, cristalina. Sabino possui atributos fundamentais para um ficcionista, como o poder de criar imagens precisas: em seu texto, ao ser atingido pelas costas um personagem não apenas se curva antes de desabar; ele se curva como se fosse "para amarrar os sapatos"."

A resenha destaca a passagem mais marcante do livro, um diálogo do personagem com o psicanalista, à altura de uma cena hamletiana:

"A certa altura, ele grita para sua analista: 'Não quero saber de interpretações. Faça-as longe de mim, e sem a minha colaboração. De que elas servem, meu Deus? Você, aqui, não passa de coadjuvante, está entendendo? Por isso, não tente ser protagonista por meio de suas interpretações'".

Escrita a resenha, foi encaminhada ao editor responsável pela liberação: o próprio Sabino. Ele conferiu o título, aprovou a foto em que aparece com o ar circunspecto dos grandes autores atormentados, e mandou para a gráfica.

No dia 31 de março de 2004, três semanas após o panegírico, a relação dos livros mais vendidos na categoria "Ficção" era a seguinte:

1º Perdas e Ganhos, de Lya Luft
2º Pensar é transgredir, de Lya Luft
3º Budapeste, de Chico Buarque
4º As Filhas da Princesa, de Jean Sasson
5º Onze Minutos, de Paulo Coelho
6º O Beijo da Morte, de Carlos Heitor Cony e Anna Lee
7º Harry Potter e a Ordem do Fênix, de J.K. Howlling
8º O Rei das Fraudes, de John Grisban
9º Sobre meninos e lobos, de Dennis Lehane
10º Paixões Obscuras, de Nora Robers.

O livro de Sabino não aparece.

Na edição seguinte, de 7 de abril de 2004, a seção dos "Mais Vendidos" anunciava uma mudança nos critérios de classificação dos livros.

> "Da categoria de ficção farão parte apenas romances e coletâneas de contos. Da categoria de não-ficção constarão ensaios e biografias, mas também livros de crônicas, cuja referência principal se encontra no noticiário e no registro de uma realidade mais imediata" Isso acontecerá ainda que o cronista lance mão de recursos ficcionais"

Não fazia sentido. Há um padrão consagrado nas listas e nas premiações de considerar crônicas como Ficção. Segundo o leitor Saulo Maciel, que percebeu essa manobra:

"Um livro de Luis Fernando Verissimo – 100% ficcional –, depois de dois anos na categoria Ficção, passava a ser considerado Não-Ficção, embora o próprio sítio internet de sua editora, a Objetiva, o incluísse na página Ficção. (Recentemente os livros de Verissimo voltaram a figurar, sem explicação aparente, na categoria Ficção). A revista também não explicava por que quatro livrarias haviam sido excluídas da lista de estabelecimentos consultados. (Basta conferir com a edição anterior)"

Quatro livros da categoria "Ficção" foram transferidos para a "Não Ficção": os dois da campeã Lya Luft, "As Filhas da Princesa", e um de Luiz Fernando Veríssimo.

Essas mudanças permitiram ao livro de Sabino entrar em 10º lugar na lista, na categoria "Ficção".

Geralmente o livro entra na relação dos mais vendidos na semana do lançamento, ainda mais após a exposição recebida de *Veja*. O de Sabino entrava na terceira semana, à custa da mudança de critérios e da exclusão de livrarias pesquisadas.

Mesmo com as alterações nos critérios, o livro não resistiu e sumiu da lista na semana seguinte. Depois, sem muito alarde, voltaram os critérios originais dos "Mais Vendidos".

O caso Record

De 2003 a 2007, Mário Sabino se aproximou da Editora Record. Houve troca de favores, na época, que provocou ressentimento tanto nas editoras concorrentes como das seções de lançamento de livros de outras publicações.

Entusiasmada com o talento nascente de Sabino, durante a Bienal do Livro em São Paulo de 2004 a editora mandou espalhar outdoors por toda a cidade, vendendo-o como a grande descoberta do novo romance brasileiro. Nem os maiores escritores de ficção mereceram divulgação similar.

Mesmo assim, tirando resenhas de amigos e subalternos, a repercussão foi quase nula.

Mas, a partir dessa relação, a seção de Livros de *Veja* passou a dar tratamento diferenciado para a Record — e a Record a dar com exclusividade, para *Veja*, o anúncio de seus lançamentos mais relevantes.

Seguiu-se um jogo de troca de favores poucas vezes visto no jornalismo cultural brasileiro. Sabino assinava uma resenha positiva sobre Miguel Sanches Neto. Grato, Miguel fazia uma entrevista laudatória com Sabino e incluía um conto seu na coletânea "Contos para Ler". O volume era publicado por Luciana Villas-Boas, da Record, que conseguia nota favorável em *Veja*.

Mas não ficou nisso.

Além dos outdoors, seus livros passaram a ser oferecidos no Exterior, graças ao empenho pessoal de Luciana e à enorme influência da Record, maior editora brasileira.

O segundo livro de Sabino, "O Antinarciso" foi resenhado pelo escritor e médico gaúcho Moacir Scliar.

Na edição de 11 de maio de 2005, o romance "Na Noite do Ventre, o Diamante", de Scliar, mereceu resenha elogiosa de Jerônimo Teixeira, subordinado de Sabino.

Duas edições depois, em 25 de maio de 2005, Scliar resenhou o livro de contos de Sabino. Scliar é um escritor sério. Mas não havia nenhuma possibilidade de uma resenha negativa.

No fecho da resenha, Scliar chamava a atenção para o título "O Antinarciso", que não sai de nenhum dos contos:

> "A esse narcisismo cego, que barra as possibilidades afetivas dos personagens, é que se contrapõe o olhar atento do autor antinarciso. E também se opõe à tentação que assalta muitos escritores contemporâneos – de girar em torno ao próprio umbigo, de fazer do pronome "eu" a palavra mais importante da literatura. Os contos de Mario Sabino mostram que a subjetividade só tem sentido quando está a serviço do entendimento, quando funciona como um sensível sismógrafo capaz de captar as vibrações da alma".

O compadrio na literatura

O "compadrio" no meio editorial é conhecido. No início daquele ano, um jornalista cultural anotou o seguinte sobre as "orelhas" de livros:

> "Longe de serem acessórios dispensáveis a um bom livro, introduções ou orelhas assinadas são com frequência moeda de troca do compadrio literário. O autor do elogio confirma seu prestígio cultural e ainda ganha um troco das editoras. O escritor elogiado recebe um empurrãozinho na carreira. Só perde o leitor ingênuo, que acredita no aval dos medalhões literários".

A matéria "Pagos para elogiar" era da própria Veja, em 26 de janeiro de 2005, assinada por Jerônimo Teixeira. Era maldosa, ao estilo Veja, escrita especificamente para atingir Luiz Fernando Veríssimo e Carlos Heitor Cony.

Mencionava genericamente pagamentos por "orelhas", depois levantava algumas "orelhas" assinadas por Luiz Fernando Veríssimo e Carlos Heitor Cony – adversários ideológicos da revista.

Não havia uma prova sequer que teriam "vendido" os comentários – ao contrários dos resenhistas de Veja, que eram remunerados quando teceram loas a Sabino. Mas, dentro do estilo malicioso da revista, ficava a insinuação.

A matéria valia pela lição de Veríssimo, sobre a arte de elogiar um trabalho que não entusiasma:

> "A única arte, ou dificuldade, é escrever algo favorável sobre um trabalho que não entusiasma sem parecer condescendente ou falso. Em geral, isso é feito para ajudar alguém que está começando."

Grande escritor, na resenha de "O Antinarciso" Scliar deu uma demonstração soberba de como escrever algo favorável de um livro que não o entusiasmou, como a "orelha" escrita para um amigo iniciante:

> "Com uma apurada economia de linguagem, seus textos mergulham, em sua própria expressão, no "buraco negro" em que cada personagem esconde não só sua miséria, mas também sua grandeza."

(...) "Em alguns casos, a narrativa se resume a um diálogo, forma que o autor maneja com agilidade e objetividade – basta ver Miserere, surpreendente conversa entre um ser que se julga culpado e um interlocutor que detém um poder infinito".

(...) "Em Da Amizade Masculina, a ligação entre dois colegas de uma faculdade de filosofia serve para um exame da natureza do relacionamento entre homens"

(...) "A esse narcisismo cego, que barra as possibilidades afetivas dos personagens, é que se contrapõe o olhar atento do autor antinarciso".

(...) "Os contos de Mario Sabino mostram que a subjetividade só tem sentido quando está a serviço do entendimento, quando funciona como um sensível sismógrafo capaz de captar as vibrações da alma".

O escândalo dos livros didáticos

Quando a Internet surgiu, ameaçando os modelos de negócios da mídia, houve um movimento dos grupos de mídia na busca de outras alternativas de negócio. Um dos mercados promissores foi o de livros didáticos, com casos bem sucedidos como o grupo Pisa, da Espanha, controlador do El Pais e da editora Planeta.

O magnata Rupert Murdoch foi dos primeiros a trilhar esse caminho, com sua editora Wireless Generation. Contratou Joel Klein, ex-diretor do sistema escolar de Nova York, para ser o lobista com o Estado.

No entanto, quando seus métodos de jornalismo vieram a público, suas vendas de livros passaram a ser questionadas. Um contrato de US$ 27 milhões com o estado de Nova York foi recusado por um auditor de contabilidade pública do Estado. O motivo alegado é que quem não praticava um jornalismo idôneo não poderia ser fornecedor de material educativo para as crianças novaiorquinas.

Quando decidiu entrar no mercado de livros didáticos, a Abril escondeu-se atrás do macarthismo para tentar afastar os concorrentes.

Só que o "prego sobre vinil" era tão evidente que, à primeira leitura, se percebiam as intenções da reportagem.

O caso dos cursos apostilados

Em 2007, a Abril descobriu a mina dos cursos apostilados. Na edição de 14 de fevereiro de 2007, publicou a reportagem "Escola pública, gestão particular", de autoria da repórter Camila Antunes.

Era um panegírico aos cursos apostilados, especialmente ao sistema COC, de Ribeirão Preto.

> "A Prova Brasil, exame do Ministério da Educação, que avaliou o ensino em 5.400 municípios brasileiros, revelou a eficiência de um novo tipo de escola pública: ela é administrada em parceria com grupos particulares – e não mais apenas pelos governos locais (...)
>
> O exemplo mais bem sucedido desse modelo veio de sete municípios do interior de São Paulo (...) Em comum, eles contrataram um grupo privado, o COC (dono de uma rede de 200 escolas em 150 cidades), para ditar os rumos pedagógicos nas salas de aula públicas".

A reportagem prosseguia tecendo loas ao método do COC.

Pouco tempo depois, uma reportagem da revista Cláudia mostrava que a Abril mirava o filão. Nela, Cláudia Costin, então vice-presidente da Fundação Victor Civita, anunciava a entrada da Abril no sistema de cursos apostilados:

"Cresce o número de escolas privadas e redes municipais que firmam convênios com grandes sistemas de ensino. De acordo com Claudia Costin, vice-presidente da Fundação Victor Civita, quem comprou um método saiu-se melhor na Prova Brasil: "Bem ou mal, essas instituições passaram a contar com um material que diz claramente o que fazer em cada aula. O plano de aula, embora pareça um pouco totalitário, garante a aprendizagem". (...)

O grupo Abril havia lançado no mercado seu próprio sistema de ensino, o Ser, que poderia ser adotado a partir de 2008 e colocava à disposição dos professores o conteúdo das publicações da editora (incluindo a revista CLAUDIA).

No dia 13 de junho de 2007, a mesma repórter que assinou a reportagem laudatória ao COC voltou com outra reportagem. Desta vez era sobre a mãe de um aluno que denunciava "conteúdo subversivo" no material do COC entregue ao Colégio Pentágono.

O trecho de maior impacto era uma lição sobre "como conjugar um empresário", efetivamente de baixo nível.

Nela, se estimulava os pais de alunos a exigirem o fim do convênio. O "prego sobre vinil" era muito evidente para qualquer jornalista com um mínimo de experiência.

No dia 13 de junho publiquei uma nota no Blog estranhando o tom da matéria.

> "Segue-se uma longa catilinária, com uma conclamação para que colégios deixem de utilizar o material do COC. "O colégio onde estuda a filha reagiu com coragem e correção. Não renovou o contrato com o COC e mandou tirar de sua própria apostila o texto em questão".

Depois, críticas genéricas de especialistas contra a má qualidade dos livros didáticos, mas sem deixar claro se eram críticas genéricas ou específicas.

Faltou informar que a Editora Abril, através de duas editoras que havia adquirido nos últimos anos, a Ática e a Sciopne, era concorrente direta do COC no fornecimento de material didático às escolas, que a matéria favorecia a Abril nessa disputa, que a defesa do COC aparece em apenas uma frase do proprietário.

No dia 19 de junho de 2007, conversei com Chaim Zaher, dono do COC, que me deu o seguinte depoimento:

> "Pouco tempo atrás fui procurado por uma repórter de "Veja", que resolveu fazer uma matéria sobre o material didático do COC, pelo fato de termos sido premiados pela qualidade do material. A matéria saiu com muitos elogios.
>
> (...) Não sei o que aconteceu internamente na Abril, mas na edição seguinte da revista Cláudia, a Abril anunciava sua entrada no mercado, mencionava o Anglo e o Objetivo, e não fazia nenhuma menção ao COC, que, segundo a matéria da "Veja", era o mais premiado. Aí, a denúncia da jornalista, mãe de uma aluna, caiu em seu colo e fizeram aquele carnaval.
> Jamais declarei à repórter que o COC errou nos trechos mencionados, como saiu publicado. O que lhe disse é que todo material didático está sujeito a erros, e isso acontece com o nosso material e com os de todos nossos concorrentes. E que nosso trabalho é ir corrigindo os erros, quando identificados. Ela colocou que eu teria admitido os erros.
>
> O material "Conjugando o Empresário" não consta das apostilas do COC. Foi um professor do "Pentágono" que copiou esse texto do vestibular da UFMG e distribuiu para seus alunos, na sua classe. Tanto que nenhuma outra escola tem esse material. Expliquei para a repórter, mas colocaram na reportagem de tal maneira que ficou parecendo que o material era do COC.

> Mandei uma carta para a revista, pedindo que retificassem o que me foi atribuído. Não publicaram a carta. Muitos pais de alunos do COC mandaram cartas à revista com cópia para mim. Nenhuma saiu, só as cartas contrárias, e que se basearam na matéria da "Veja". Recebi muitos telefonemas de solidariedade, mas ninguém quer dar a cara para bater, temendo retaliação da revista".

Só depois de publicado esse dossiê no Blog, no dia 27 de junho a revista resolveu retificar a menção incorreta ao COC da forma mais torta possível.

O MINO DO BEM

Herminio Macedo Castelo Branco, o cartunista Mino, escreve para a redação para dizer que não tem nada a ver com o texto "Como se conjuga um empresário" publicado na reportagem "Ensino que é bom..." (13 de junho), atribuído em apostilas do sistema COC de ensino a um homônimo seu. "Sou ligado à Unesco, estou engajado na luta pela educação brasileira, ilustrei diversas cartilhas importantes e sou apoiado justamente pelos empresários cearenses, sendo amigo da maior parte deles de longa data. Não sou autor do tal texto. Não seria capaz de escrever nem assinar tamanha burrice", diz Mino, que edita em Fortaleza a Rivista, uma publicação de humor, diversão e educação (veja a foto).

Nota
No quadro "O Mino do bem", publicado na página 37 desta edição, há um erro grave. O texto "Como se conjuga um empresário", citado na reportagem "Ensino que é bom" (13 de junho), não foi publicado em apostilas do sistema COC de ensino. O texto foi incluído pelo Colégio Pentágono, de São Paulo, em suas próprias apostilas. Pedimos desculpas aos diretores, professores e alunos do sistema COC.

Na seção de cartas publicou com destaque a carta de um ilustrador negando ser o autor da ilustração que saíra na reportagem. Segundo a nota, a autoria tinha sido "atribuído em apostilas do sistema COC de ensino a um homônimo seu".

No pé da seção de cartas, uma nota pequena esclarecendo que o texto em questão havia sido incluído pelo Colégio Pentágono em suas próprias apostilas. A correção corrigia a carta enviada pelo ilustrador, não a reportagem em si.

A Abril entrou no mercado de livros didáticos e cursos apostilados através de uma nova divisão, na qual incorporou as editoras Ática e Scipione, que havia adquirido em sociedade com o grupo francês Vivendi; e a Globo tentou uma parceria com a UNO, braço do Santillana.

Mas a guerra estava apenas começando.

A Grande História Crítica

A segunda frente foi conduzida por Ali Kamel, já promovido a diretor da Globo.

No dia 22 de agosto de 2007, seu livro "Sobre o Islã", recebeu tratamento nobre na *Veja*: duas páginas de lisonja assinadas pelo indefectível Mário Sabino.

Uma resenha elogiosa em *Veja* garantia ao autor um belo impulso nas vendas do livro. Na semana de 19 de setembro de 2007, o livro já figurava em segundo lugar na lista de "não-ficção" da revista.

Em *18 de setembro de 2007*, Kamel publicou coluna no jornal *O Globo*, prontamente reproduzida no *Estadão*, denunciando o conteúdo subversivo de um campeão de vendas, a coleção "Nova História Crítica", de uma editora nacional. As denúncias foram repercutidas nos demais veículos da *Globo*, da revista Época ao Jornal Nacional.

Na abertura do artigo, Kamel se esmerava em explicar como o livro chegara em suas mãos:

> *O psicanalista Francisco Daudt me fez chegar às mãos o livro didático "Nova História Crítica, 8ª série" distribuído gratuitamente pelo MEC a 750 mil alunos da rede pública. O que ele leu ali é de dar medo. Apenas uma tentativa de fazer nossas crianças acreditarem que o capitalismo é mau e que a solução de todos os problemas é o socialismo, que só fracassou até aqui por culpa de burocratas autoritários. Impossível contar tudo o que há no livro. Por isso, cito apenas alguns trechos.*

O livro era um campeão de vendas, ocupando espaço de concorrentes da Ática, Scipione, talvez da Santillana, do grupo Pisa, dono do El País.

Kamel denunciava o livro por suposta apologia a Mao Tse-tung selecionando a parte que enaltecia Mao:

> *"Foi um grande estadista e comandante militar. Escreveu livros sobre política, filosofia e economia. Praticou esportes até a velhice. Amou inúmeras mulheres e por elas foi correspondido. Para muitos chineses, Mao é ainda um grande herói. Mas para os chineses anticomunistas, não passou de um ditador."*

Sonegando a parte que o criticava:

> *"Como governante, agiu de forma parecida com Stálin, perseguindo os opositores e utilizando recursos de propaganda para criar a imagem oficial de que era infalível."*

Sobre a revolução cultural chinesa, Kamel mencionava o trecho:

> *"Foi uma experiência socialista muito original. As novas propostas eram discutidas animadamente. Grandes cartazes murais, os dazibaos, abriam espaço para o povo manifestar seus pensamentos e suas críticas".*

E escondia a crítica:

> "O Grande Salto para a Frente tinha fracassado. O resultado foi uma terrível epidemia de fome que dizimou milhares de pessoas. (...) Mao (...) agiu de forma parecida com Stálin, perseguindo os opositores e utilizando recursos de propaganda para criar a imagem oficial de que era infalível." (p. 191) "Ouvir uma fita com rock ocidental podia levar alguém a freqüentar um campo de reeducação política. (...) Nas universidades, as vagas eram reservadas para os que demonstravam maior desempenho nas lutas políticas. (...) Antigos dirigentes eram arrancados do poder e humilhados por multidões de adolescentes que consideravam o fato de a pessoa ter 60 ou 70 anos ser suficiente para ela não ter nada a acrescentar ao país..."

Sobre a revolução russa, o mesmo procedimento:

> "É claro que a população soviética não estava passando fome. O desenvolvimento econômico e a boa distribuição de renda garantiam o lar e o jantar para cada cidadão. Não existia inflação nem desemprego. Todo ensino era gratuito e muitos filhos de operários e camponeses conseguiam cursar as melhores faculdades. (...) Medicina gratuita, aluguel que custava o preço de três maços de cigarro, grandes cidades sem crianças abandonadas nem favelas..."

E escondia as críticas:

> "A URSS era uma ditadura. O Partido Comunista tomava todas as decisões importantes. As eleições eram apenas uma encenação (...). Quem criticasse o governo ia para a prisão. (...) Em vez da eficácia econômica havia mesmo era uma administração confusa e lenta. (...) Milhares e milhares de indivíduos foram enviados a campos de trabalho forçado na Sibéria, os terríveis Gulags. Muita gente foi torturada até a morte pelos guardas stalinistas...".

Qual a intenção de crucificar dessa maneira um livro didático?

No dia seguinte ao artigo de Kamel, o diário El Pais publicou artigo repercutindo internacionalmente a denúncia e afirmando que "el libro de texto ensalza el comunismo y la revolución cultural china".

No mesmo dia, o ex-Ministro Paulo Renato de Souza (em cuja gestão o livro passou a integrar as obras do MEC) publicou no site do PSDB a informação de que entraria com representação na Procuradoria Geral da República para retirar a Nova História Crítica do mercado.

No seu site pessoal, havia a informação de que sua consultoria tinha entre seus clientes a Santillana, a editora do El Pais.

Conseguiram matar um campeão de vendas. Mas o contraponto da blogosfera produziu tal desgaste que a estratégia acabou não sendo mais repetida, para alívio de outras editoras e autores concorrentes[24].

Dentre os artigos veiculados no meu Blog, um levantamento de livros de história da Ática e da Scipione – controladas pela Abril – mostrava posições "esquerdistas", similares à maioria dos livros didáticos de história.

---
[24] https://goo.gl/355jXh

A campanha midiática nas eleições de 2010

A campanha eleitoral de 2010 foi o ápice do modelo de manipulação de notícias pela mídia, firmemente empenhada em tentar eleger José Serra.

O polvo no Poder

A edição de *15 de setembro de 2010* obedeceu ao padrão sanguinolento da revista. Capa em vermelho, alusão a temores ancestrais.

Era uma reportagem de Diego Escostegui sobre uma suposta organização criminosa que atuaria na Casa Civil.

A reportagem total tinha 12.185 caracteres.

Nos 5.457 caracteres iniciais, ou 45% da matéria, apenas as seguintes informações:

1. Um empresário do setor de transporte aéreo, pretendendo entrar nos Correios, contrata uma assessoria que tem como um dos sócios Israel Guerra, filho de Erenice Guerra, braço direito de Dilma na Casa Civil.

2. A consultoria chama-se Capital Assessoria e Consultoria, foi aberta em julho do ano anterior, tendo como sócios também Saulo Guerra, filho de Erenice e a mãe de Vinicius Castro, assessor jurídico da Casa Civil.

3. O contrato previa uma "taxa se sucesso" de 6%, "caso a licitação pouse suavemente na pista correta".

4. O total, ou em parte – "não se sabe bem", como informa o repórter – se destinaria a "saldar compromissos políticos" – assim, entre aspas.

5. O endereço da consultoria era da própria casa de Israel. Mas para receber clientes recorria a um escritório de advocacia em Brasília.

O empresário em questão era Fabio Baracat, apresentado como dono da Via Net Express e sócio da MTA Linhas Aéreas. Segundo a matéria, ele teria chegado a Israel por indicação de um diretor dos Correios. A reportagem preservava o nome do tal diretor, que era Marco Antônio, o tio de Vinicius e o sujeito que, na condição de Diretor de Operações dos Correios, era a pessoa incumbida da contratação.

Encontrou-se, então, com Israel e Vinicius Castro. E teria recebido a garantia de que "poderiam entregar ali o que encomendavam".

O passo seguinte – segundo a revista – teria sido apresentá-los à própria Erenice. Para entrar no apartamento de Erenice, segundo Baracat, ele teve que deixar do lado de fora celulares, relógios, canetas, "qualquer aparelho que pudesse gravar o encontro". Daí o fato de não ter nenhuma prova sobre o que falava. Simples assim.

Mesmo assim, a revista endossou com estardalhaço todas as acusações supostamente atribuídas a Baracat.

A única prova apresentada foi o contrato assinado, onde se mencionava a cláusula de sucesso de 6%. Segundo o empresário, todo mês ele pagava R$ 25 mil em dinheiro vivo sempre para

Vinicius Castro. "Os acertos se davam em quartos de hotel, restaurantes e dentro do carro. Ele nunca contava o dinheiro", dizia Baracat.

Segundo a matéria, graças ao lobby de Israel, a empresa que faturava R$ 40 milhões por ano em contratos emergenciais com os Correios faturou R$ 84 milhões em apenas dois meses.

Qual o preço desse lobby milionário? R$ 120 mil, segundo a revista, parte dos quais se destinou a subornos na ANAC.

No dia seguinte ao da publicação da reportagem, Baracat soltou uma nota oficial desmentindo a revista.

Dizia ela:

1. Não era e nunca foi funcionário ou representante comercial da Vianet. Apenas conhecia algumas pessoas da empresa.

2. Em relação à MTA, limitou-se a algumas tratativas de compra.

3. Jamais havia tratado de negócios com Erenice.

4. Foi procurado pela revista para falar sobre o coronel Artur, diretor de operação dos Correios que substituíra Marco Antônio.

5. Finalmente, declara-se como um personagem de um joguete político-eleitoral irresponsável.

Seria simples a revista desmentir Baracat já que, pelo que a reportagem informava, tinha gravado as conversas com ele. Nada foi apresentado.

Vamos conferir o método de reportagem do Diego Escosteguy e da *Veja*.

1. Levantou um contrato da Via Net Express com a Capital (do filho da Erenice) em que se fala em taxa de sucesso de 6%.

2. Diz que, pela Via Net, quem assina é o seu dono Fábio Baracat. Na verdade, Baracat nada tem a ver com a empresa, a não ser oferecer serviços eventuais.

3. Levanta matérias recentes da imprensa, sobre as ligações da MTA com a ANAC e os Correios.

4. Tem os contratos da MTA junto aos Correios e a comissão de 6%. Cruza uma com outra e tem-se o valor da propina.

No contrato publicado, se lê:

Cláusula 2.1 – São obrigações da Contratada:
a) Prestar serviços de consultoria e (...)
b) Representar a Contratante junto a instituições públicas e privadas, com zelo e probidade (...)

A revista sublinha esse trecho como se fosse incriminatório. Trata-se de texto padrão de qualquer contrato de consultoria.

Agora, ao que interessa: as formas de pagamento:

> Cláusula Terceira – Do Pagamento
> 3.1 Pela prestação dos serviços, a Contratante pagará mensalmente à Contratada o valor de R$ 24.738,00 a título de remuneração (...)

E o que efetivamente interessa, a tal taxa de sucesso de 6%:

A revista precisava mostrar a «prova» do pagamento de 6% de propina. Mas esse percentual não vinha separado: estava em um parágrafo inteiro que não podia ser suprimido. Precisou, então, publicar o parágrafo inteiro para expor o número mágico dos 6%.

> 3.3 Na hipótese de êxito na prestação de serviços de assessoria relacionados à obtenção de empréstimos e/ou financiamentos junto à instituições nacionais ou internacionais, públicas ou privadas, a Contratada fará jus a 6% sobre o montante auferido ao final da transação.

E aí fica-se sabendo que a taxa de sucesso nada tinha a ver com a ANAC, com contratos com os Correios, com renovação de concessão. Mas apenas no caso de obter financiamentos – que, pelas declarações do Baracat, nunca foram obtidos.

Outra reportagem desnuda a primeira

Na edição de 22 de setembro de 2010, outra capa fantasiosa ajudou a desnudar a história anterior.

Os autores eram o mesmo Diego Escosteguy e Otávio Cabral.

Voltava à cena Vinicius de Oliveira Castro, o advogado que era sócio de Israel, mas, agora, no papel de testemunha involuntária da esbórnia que, segundo a revista, tomou conta da Casa Civil.

Na reportagem anterior, para receber o tal Baracat, Erenice teria ordenado que não entrasse de celular, caneta ou qualquer objeto que pudesse esconder microfones ou gravadores.

Esse suposto cuidado era deixado de lado na versão seguinte. Segundo a revista, Vinicius tomou um susto ao ver um envelope na sua mesa e, dentro, 200.000 reais em dinheiro vivo. Dentro da Casa Civil.

Segundo a Casa da Moeda, uma nota de 100 reais pesa 25 gramas. 200 mil reais equivalem a 2 mil notas de 100 reais, ou meio quilo de peso.

O jovem teria gritado, então, "Caraca! Que dinheiro é esse?". E foi-lhe explicado que era sua cota bancada pela Tamiflu, a vacina contra gripe suína adquirida pelo Ministério da Saúde. Tudo de forma aberta, pública. E aí se fica sabendo que o tio de Vinicius era Marco Antônio de Oliveira, diretor de operações do Correio.

Juntando-se as duas reportagens, vai-se montando o puzzle.

Na condição de Diretor de Operações do Correio, caberia a Marco Antônio indicar as empresas para a contratação de emergência. Provavelmente seria o tal diretor que indicou a consultoria do próprio sobrinho a Baracat e que garantia a ele o salto extraordinário nas contratações dos Correios.

A versão sobre o dinheiro que rolava era extraordinária:

> "Foi um dinheiro para o Palácio. Lá tem muito negócio, é uma coisa. Ofereceram-me 200 000 por causa do Tamiflu". Vinícius explicou ao tio que não precisou fazer nada para receber a PP. "Era o 'cala--boca'." O assessor disse ainda ao tio que outros três funcionários da Casa Civil receberam os tais pacotes com 200 000 reais; porém não declinou os nomes nem a identidade de quem distribui a propina.

Não se ficou nisso. Logo após a publicação da reportagem "O Polvo no Poder", Baracat soltou a tal nota oficial desmentindo a revista. Na nova reportagem, procurava-se justificar o desmentido como fruto do temor

> "Com medo de retaliações por parte do governo, o empresário refugiou-se no interior de São Paulo. Ele aceitou voltar à capital paulista na última quinta-feira, para mais uma entrevista. Disse ele na semana passada: "Temo pela minha vida. Vou passar um tempo fora do país". O empresário aceitou ser fotografado e corroborou, diante de um gravador, as informações antes prestadas à revista."

A tal gravação jamais foi apresentada.

Os segredos do lobista

Na edição de 29 de setembro de 2010, finalmente, Veja resolveu entregar sua fonte, Marco Antônio Marques de Oliveira.

De autoria do mesmo Diego Escostegui e Rodrigo Rangel, a reportagem era curiosa, muito menos pelo que informava, muito mais pelo que não dizia.

Marco Antônio admitiu ser tio de Vinicius Castro, ex-assessor da Casa Civil, que acabou montando uma assessoria com Israel Guerra, filho de Erenice Guerra, que substituiu Dilma Rousseff na Casa Civil.

Marco Antônio foi diretor da Infraero até 2007. Segundo a reportagem, desde aquela época já carregava má fama. A reportagem não informa que pouco antes, em 17 de junho de 2010, Marco Antônio foi demitido do cargo nos Correios.

A revista diz que ele usava o nome de Dilma e de Erenice em suas abordagens. Mas, salienta a reportagem, "frise-se também que ainda não se sabe se o lobista Marco Antônio usava o nome de Dilma e Erenice com o consentimento delas".

Veja admitia que a informação não tinha sido confirmada. Mesmo assim, na reportagem anterior, obrou o seguinte parágrafo:

> "Por fim, o que pode ser mais escabroso do que um grupo de funcionários públicos, ao que tudo indica com a participação de um ministro da Casa Civil, cobrar pedágio em negócios do governo? O mais assustador, convenha-se, é repartir o butim ali mesmo, nas nobres dependências da cúpula do Poder Executivo, perto do presidente da República e ao lado da então ministra e hoje candidata petista Dilma Rousseff."

Tudo isso em cima de informações não checadas, misturadas com declarações desmentidas.

Ouvia também o Ministro da Saúde José Gomes Temporão que descartou a possibilidade de qualquer trabalho de lobby, porque o Tamiflu era o único medicamento disponível no mundo para o tratamento da gripe. Logo, não haveria brechas para interessados em fazer lobby.

A reportagem encerrava de forma taxativa:

> "Caberá ao lobista Marco Antônio esclarecer os limites do que qualifica de "roubalheira", seja da Casa Civil, a da família Guerra – ou se há mais elos comuns entre elas".

Ao transferir para o lobista a responsabilidade por esclarecer as acusações, a revista tirava o corpo de uma sucessão de reportagens – a maior parte de capa – que se constituíram em um dos pontos mais altos – ou mais baixos – da manipulação política da imprensa brasileira.

O caso Quícoli

A reportagem não ficava nos desmentidos de Marco Antônio. Junto, outro episódio que jamais seria confirmado, um dos casos mais esdrúxulos e inverossímeis da escalada de reportagens falsas do período.

No dia *16 de setembro de 2010*, no rastro das capas da *Veja*, a Folha entra em cena com mais um factoide que não passava sequer no teste de verossimilhança.

Reportagem de Rubens Valente, na Folha, jogava no palco de escândalos Rubnei Quícoli.

A manchete era bombástica: "Fiquei horrorizado de ter de pagar comissão a filho de Erenice, diz empresário."

Na entrevista, Quícoli – apresentado como consultor - contava ter sido apresentado à empresa Capital, do filho de Erenice Guerra, por Marco Antônio, ex-diretor dos Correios.

Pleiteava um financiamento de R$ 9 bilhões no BNDES (Banco Nacional do Desenvolvimento Econômico e Social) para uma pequena empresa de Campinas que fabricava equipamentos de energia eólica, a EDRB do Brasil Ltda.

Para conseguir o financiamento, segundo Quícoli, a Capital teria pedido um pagamento de R$ 40 mil mensais.

Não havia nenhuma verossimilhança no relato. Segundo Quícoli, a empresa ambicionava um financiamento de R$ 9 bilhões. E os rapazes pediam R$ 40 mil por mês para viabilizar uma mega-operação, acessível a pouquíssimos supergrupos nacionais.

Em determinado momento, segundo Quícoli, teria aparecido Israel, filho da Erenice, pedindo R$ 5 milhões para pagar dívida da "mulher de ferro".

Quem teria solicitado o dinheiro era justamente Marco Antônio, o tio de Vinícius.

Obviamente o financiamento não saiu. Não havia nenhuma possibilidade do BNDES liberar R$ 9 bilhões em financiamento para uma pequena empresa de Campinas especializada em energia eólica. Marco Antônio teria dito a Quícoli que o financiamento não teria saído porque Israel bloqueou.

À medida que os fatos iam aparecendo, ficava claro o golpe de Marco Antônio, junto com Quícoli, para vender terreno na Lua. O próprio repórter Rubens Valente seguiu os princípios jornalísticos e lançou dúvidas sobre Quícoli, mas a ênfase na narrativa da propina não diminuiu.

Segundo Aldo Wagner, sócio da EDRB do Brasil Ltda., o projeto foi apresentado ao BNDES e não saiu por falta de garantias. Quícoli teria apresentado um contrato de consultoria com o filho de Erenice para fazer acompanhamento jurídico.

"Eu olhei os valores e disse "bom, para fazer acompanhamento jurídico desse "troço a gente não concorda pagar isso". Teria sido apenas um caso de golpe malsucedido.

Segundo ele, Quícoli procurou-os e montou um contrato de parceria para trazer investidores, mas não conseguiu trazer nenhum.

De nada adiantou a ERB informar que Quícoli não estava autorizado a falar em nome do projeto. E assegurar que as reuniões sobre o projeto tiveram caráter eminentemente técnico.

O BNDES informou que o projeto não tinha sido aprovado por não ter apresentado garantia e sequer local definido para o empreendimento.

Também de nada adiantou a informação levantada pelo Blog que o tal "consultor" tinha acabado de sair da prisão, cumprindo uma pena de dois anos por roubo de carga e receptação de dinheiro falso.

Com essa capivara, foram atribuídas a ele, sem nenhum questionamento por parte da revista, acusações envolvendo a instituição da presidência da República e da Casa Civil.

O falso escândalo ganhou gás na *Veja*, foi repercutido no Jornal Nacional e em todos os veículos da velha média e foi a gota d'água para o pedido de demissão de Erenice.

O assunto rendeu enquanto durou a campanha eleitoral.

A bolinha de papel

O auge da manipulação – agora de forma coletiva e orquestrada pela mídia – foi o episódio da "bolinha de papel", o tal objeto que teria atingido o candidato José Serra durante sua campanha eleitoral.

O episódio da bolinha de papel juntou *Globo*, *Veja*, *Folha* e *Estadão*.

Assinado por Fábio Portella, constava na edição de *27 de outubro de 2010*.

O subtítulo falava de "militantes ensandecidos" e que "na base ou no topo o PT não conhece limites".

A reportagem baseava-se no testemunho de Fernando Gabeira para assegurar que Serra ficou "grogue" com o impacto do objeto.

A matéria dizia que Lula acusou Serra de protagonizar uma farsa e ter sido desmentido "minutos depois", por imagens gravadas e inequívocas.

O documentário "O Mercado de Notícias", do cineasta gaúcho Jorge Furtado entrelaça uma peça do século 17, que já abordava o papel da mídia, com depoimentos de jornalistas.

A parte mais interessante do documentário é a reconstituição do episódio da bolinha de papel.

Juntou várias cenas. Uma cena rápida da reportagem da TV Bandeirantes mostra um braço negro, com uma camisa azul, atirando a bolinha de papel. Ao lado, uma pessoa corpulenta com camisa cor de vinho. Não se veem seus rostos.

Outras cenas gravadas mostram um sujeito negro de óculos escuros e camisa azul, e outro branco, corpulento, de camisa vinho, no mesmo local, pouco antes do arremesso da bolinha. Só que ambos não eram manifestantes, mas seguranças do próprio Serra.

Esse conjunto de cenas faz parte de um vídeo de 2010 de autoria de Sérgio Antiqueira, que gerou apenas 1.639 visualizações no Youtube e acabou não recebendo os créditos devidos no documentário. Mas foi a revelação definitiva, fechando o ciclo de uma das maiores tentativas de fraude eleitoral da história política recente do país.

O primeiro passo foi a escolha do local, uma região francamente hostil da cidade.

Em 1999, quando Ministro da Saúde, Serra mandou demitir 5.700 mata-mosquitos da Funasa (Fundação Nacional da Saúde) no Rio - técnicos incumbidos de combater os mosquitos da dengue.

Há indícios de que o fim dos mata-mosquitos visou liberar verbas para o governo do Estado, já que a Funasa continuou repassando anualmente os R$ 11 milhões referentes aos salários dos demitidos.

As consequências foram desastrosas, com a gripe da dengue se alastrando por todo o estado. No ano seguinte, a epidemia se abateu sobre 45 mil pacientes infectados, causando dezenas de mortes, mais da metade do total de mortes por dengue no país. Foi o ano com mais registros de dengue da história, a maior parte concentrada no Rio.

Serra acabou inimigo mortal da categoria. Em 2.000, eventos políticos dos quais participava já tinham sido invadidos por mata-mosquitos. O mesmo se repetiu em outubro de 2002.

O episódio da bolinha de papel ocorreu justamente na região oeste do Rio, onde fica o Sindicato dos mata-mosquitos. Era óbvio que haveria reação, tanto assim que Serra desembarcou cercado por um exército de seguranças, provocando ostensivamente os manifestantes e criando o clima adequado para as cenas seguintes.

As duas bolinhas

Em poucos minutos, explodem duas cenas.

A primeira, o da bolinha de papel que pipoca na cabeça de Serra e cai no chão. Serra leva algum tempo para se dar conta do fato e aparentemente perde a primeira oportunidade de montar o teatro.

A segunda oportunidade é mais à frente. Serra recebe um telefonema. Pouco tempo depois leva a mão à cabeça. Caminha mais um pouco, sem aparentar danos. Uns cinco segundos depois leva a mão à cabeça, caminha em direção ao carro da comitiva. Ainda tem tempo para conversar um pouco com alguns fãs.

Depois entra e segue para um hospital onde é atendido pelo cirurgião médico de cabeça e pescoço Jacob Kligerman – que presidiu o INCA (Instituto Nacional do Câncer) na gestão de Serra na saúde.

Na Justiça existem as provas declaratórias (que dependem apenas de declarações de testemunhas) e as provas documentais (as que têm efetivamente valor).

Klingerman declara à imprensa que Serra chegou ao consultório "com náuseas e tonteira". Quanto às provas documentais, nada havia. Informa que não havia lesão aparente (externa), e a tomografia nada acusou. Pelo sim, pelo não, recomendou 24 horas de repouso.

Naquela noite, o Jornal Nacional divulgou reportagem onde endossava a versão da agressão com "objeto contundente". A reportagem terminava com um Serra interpretando o papel de uma pessoa fragilizada, deblaterando contra a guerra política.

Naquela mesma noite, uma reportagem da SBT mostrava a cena da bolinha de papel (mas sem os seguranças), o telefonema recebido por Serra e, em seguida, ele levando a mão à cabeça, desmascarando o teatro.

O Jornal Nacional chegou a convocar o perito Ricardo Molina para analisar um vídeo gravado por celular que provaria que houve um segundo objeto lançado contra Serra, um rolo de fita crepe. Não se perguntou ao perito se, mesmo supondo-se ter sido um rolo de fita crepe, qual seu poder de contusão.

Pelas redes sociais, técnicos ligados a universidades rebateram as análises de Molina, com vídeos colocados na Internet, mostrando que o objeto identificado como fita crepe não passava de uma sombra de algum manifestante, em um vídeo de baixíssima resolução.

No dia seguinte, o então presidente Lula comparou Serra ao goleiro chileno Rojas – que simulou ter sido atingido por um rojão em um jogo no Maracanã.

O resultado final foi a desmoralização do candidato por um partido alto de Tantinho da Mangueira.

"*Deixa de ser enganador*
Pois bolinha de papel
Não fere e nem causa dor"

Foi o fecho de uma escalada inédita de manipulações (https://goo.gl/D35HcF).

O linchamento de Gabriel Chalita

A história da *Veja* ficou pontuada por assassinatos de reputação frequentes, tornando-se um vício atroz, não respondendo mais a estratégias políticas ou eleitorais. Foi o caso de Gabriel Chalita, ex--Secretário de Educação de Geraldo Alckmin, grande esperança de renovação do PSDB, alvo de um assassinato de reputação perpetrado por José Serra.

No dia *23 de fevereiro de 2013* pipocou a primeira denúncia na Folha : "Empresa pagava despesas de Chalita, diz ex-colaborador".

Informava que o Ministério Público Estadual abrira onze inquéritos para investigar o deputado Gabriel Chalita (PMDB-SP), por suspeita de corrupção, enriquecimento ilícito e superfaturamento de contratos públicos".

Todas as denúncias baseavam-se em apenas uma fonte, o analista de sistemas Roberto Grobman, que se dizia assessor de Chalita. Segundo ele, o grupo educacional COC pagou diversas despesas de Chalita, da reforma em seu apartamento a viagens de aviões e helicópteros.

Grobman acusava Chalita de cobrar 25% de propina sobre o valor dos contratos.

No primeiro governo Alckmin, Chalita despontara com a liderança mais promissora do PSDB estadual. Quando José Serra assumiu, iniciou uma forte desconstrução de sua imagem e Chalita acabou saindo do partido. Naquele momento, havia fortes rumores de que seria nomeado para um Ministério do governo Dilma Rousseff, habilitando-o a concorrer a um cargo no senado nas eleições seguintes.

A denúncia abateu-o em pleno voo.

O promotor baseava-se exclusivamente em um dossiê entregue por Grobman, com "indícios" de que o grupo COC havia financiado uma reforma no apartamento de Chalita, no valor de R$ 600 mil.

O único indício de retribuição ao COC, apresentado por Grobman, era um contrato de R$ 2,5 milhões supostamente firmado entre a Secretaria e o COC. A disparidade entre o contrato e a suposta propina não chamaram a atenção nem do promotor nem do jornal.

No dia *28 de fevereiro de 2013* o Estadão entrou no jogo, com a matéria "Dossiê de delator de Gabriel Chalita tem fotos, e-mails e notas fiscais".

No mesmo dia, a *Agência Estado* divulgou denúncia mais sólida que desmontava a armação.

Ex-diretor de Tecnologia da Fundação para o Desenvolvimento da Educação (FDE), Milton Leme declarou à Agência Estado ter sido procurado por Grobman com uma proposta de suborno de R$ 500 mil para avalizar suas denúncias.

Segundo Grobman, o emissário da proposta era o deputado Walter Feldmann, um dos coordenadores da campanha do indefectível José Serra para a prefeitura da cidade. Leme teria cortado a conversa ali.

No sábado, *Veja* entra no jogo com uma reportagem cruel.

Uma chamada de capa insinuava relações íntimas entre Chalita e Grobman.

Gabriel Chalita
O escândalo que encurtou a carreira do político carismático que poderia ter sido ministro

E o texto era fantasioso, no estilo dramaturgia de segunda classe:

A "taxa", de 25%, era entregue diretamente a Chalita em seu apartamento em Higienópolis.

Segundo Grobman, o ex-secretário chamava o dinheiro de "Vanderlei". "Quando tocava o interfone, ele gritava, eufórico: 'Oba, chegou o Vanderlei!'. Só mais tarde descobri que Vanderlei não era uma pessoa. Como ele dizia que mandava a sua parte para uma conta bancária em Luxemburgo, fazia graça com o nome do técnico de futebol", diz.

Grobman contou ao MP que, por diversas vezes, viu Chalita distribuir o dinheiro que recebia. "Ele derramava as notas no chão do closet. Arrancava as tiras dos maços e jogava em cima dos assessores, imitando o Silvio Santos: 'Quem quer dinheiro?!!'."

Grobman diz que Zaher lhe pagava um salário para que ele atuasse na secretaria. "O Zaher queria ter uma pessoa dele lá dentro para que pudesse vender os seus produtos.

Mas nem essa proximidade com o titular da pasta nem as supostas vantagens que o COC teria ofertado a Chalita — entre elas o pagamento de parte da reforma de um dos seus apartamentos, fato que Zaher nega — resultaram em algum negócio para o grupo.

Na Internet, a reportagem de *Veja* foi publicada com tags onde constava um "casamento entre homossexuais". Internamente a foto de ambos, insinuando relacionamento íntimo.

Chalita alegou que Grobman namorava uma secretária sua, que estava na foto publicada.

Uma breve análise da foto mostrava que havia sido retocada.

1. A linha do horizonte, da parte direita da imagem, era irreal. Traçando uma linha que mantém inclinação, é fato que a linha da parte direita foi reconstruída. E quem o fez não teve o cuidado de manter o ângulo de inclinação:

2. Uma mancha branca, no pé da foto lançou dúvidas. Ou não era um objeto real existente no momento da fotografia, ou era uma

mesa, prancha de surf, que sofreu péssimas alterações em software de edição. A comprovação está na característica extremamente pixelada da parte inferior, e também, no blur da parte lateral direita. No geral, está bizarro essa parte da foto publicada pela *Veja*.

3. A foto era de fácil edição, por possuir um fundo monocromático: o tom azul claro do céu e azul escuro do mar, separados pela linha do horizonte.

4. Numa fotomontagem, a ferramenta "Blur tool" do Photoshop é comumente usada para borrar partes específicas das bordas de um objeto, pessoa ou fundo. Existem partes na foto com essa característica: na face do homem à esquerda e na linha do horizonte na parte direita da foto.

Se existia uma pessoa ao lado esquerdo de Chalita, e se o braço esquerdo do Chalita estivesse na frente dessa pessoa, *ela poderia sim ter sido removida da foto*.

Na edição seguinte de *Veja*, duas cartas de leitores decepcionadas com as supostas falcatruas de Chalita.

No dia 2 *de março de 2013*, o Conselho Superior do Ministério Público suspendeu 9 dos 11 inquéritos contra Chalita. O promotor do caso, Nadir Campos Júnior, declarou estar sofrendo pressões para encerrar as investigações.

O linchamento prosseguiu no dia 14 *de março de 2013*, em reportagem do Estadão intitulada "Promotor apura uso do diretor de fundação em obra privada de Chalita".

Nada havia de concreto: apenas a continuidade do depoimento de Grobman. Desta vez afirmando que um engenheiro da Fundação para o Desenvolvimento da Educação, foi deslocado por um ano para acompanhar as obras no apartamento de Chalita.

No dia 13 de agosto de 2013, é noticiado que o Procurador Geral da República Roberto Gurgel pediu ao STF abertura de inquérito para investigar Chalita. Prestativo para qualquer denúncia da mídia, desde 2009 Gurgel guardava em sua gaveta inquérito contra Aécio Neves por manutenção de conta na Suíça.

No dia 26 de novembro de 2013 o quadro começa a mudar. O procurador Nadir de Campos Júnior foi denunciado criminalmente por falsificação de documento particular e uso de documento falso, visando fraudar as eleições para a presidência da Associação Paulista do Ministério Público.

No dia 17 de setembro de 2014, acolhendo parecer do Procurador Geral da República Rodrigo Janot, o Ministro Teori Zavaski ordena o arquivamento da denúncia. Entre outros motivos porque o delator Grobman nunca foi localizado para depor, nem apresentou nenhuma prova das acusações.

Mas a carreira de Chalita estava liquidada para as eleições de 2014. Veja nunca mais voltou a mencionar Chalita, menos ainda para noticiar sua absolvição[25].

Na mesma edição em que cometeu as infâmias contra Chalita, Veja dedicou duas páginas a um blogueiro que utilizava as redes sociais para atacar adversários do PT.

O título da matéria era "Difamar é o negócio".

---

[25] https://goo.gl/AijHjX

O caso Ivo Cassol

Quem é Ivo Cassol, ex- governador de Rondônia? Em 2004 foi acusado de comandar um esquema de extração clandestina de diamantes e contrabando de ouro na reserva indígena Roosevelt, dos Cintas-Largas.

Em 2005 foi julgado pelo Superior Tribunal de Justiça (STJ), acusado de ter cometido irregularidades quando prefeito de Rolim de Moura.

Em 2007, o Procurador-Geral da República, Antônio Fernando de Souza, denunciou-o ao STF (Supremo Tribunal Federal) por compra de votos, formação de quadrilha e coação de testemunhas.

No dia 13 de abril de 2008, reportagem do Fantástico sobre a Operação Titanic, da Polícia Federal, comprometia Cassol até a medula.

> "Exclusivo. Você vai conhecer os bastidores da Operação Titanic. A ação da Polícia Federal acompanhou os passos de uma quadrilha que envolveu até um governador de estado no golpe dos carrões importados.
>
> Dentro de um galpão estão dezenas de milhões de reais em forma de carros e motos importados. São supermáquinas que chegam a valer R$ 2 milhões no Brasil. Super máquinas subfaturadas.
>
> "30% a 40% menores aos preços de mercado", diz a procuradora da República (ES) Nádja Machado Botelho.
>
> A Justiça investiga a participação de um governador e do filho e do sobrinho dele na obtenção de facilidades para o esquema.
>
> Nos vídeos e fotografias da investigação a que o Fantástico teve acesso, você vai saber como a Polícia Federal seguiu o filho do governador de Rondônia, Ivo Cassol, durante a chamada Operação Titanic, para desmascarar a quadrilha da sonegação (...).
>
> Adriano se tornou conhecido nacionalmente em 2006, ao ser flagrado agredindo uma mulher depois de uma batida de trânsito. No mesmo ano, a Polícia Federal apreendeu seis carros de luxo que ele havia importado. Uma lancha que ele comprou do megatraficante colombiano Juan Carlos Abadía, capturado em 2007, também foi apreendida".

Este é Ivo Cassol.

A reportagem armada

No dia 23 de abril de 2008 Cassol já era conhecido nacionalmente, através de reportagem-denúncia de um dos programas de maior audiência da televisão, o *Fantástico*, divulgado apenas dez dias antes, quando começou seu jogo com a *Veja*.

Brasil
Seqüestro fajuto

Filmes e fotos mostram que o seqüestro de um representante da ONU por índios cintas-largas foi uma farsa

José Edward

Foto Divulgação

David Martín Castro, da ONU, tomando banho de rio durante o "cativeiro". Outro "refém", o procurador Trindade (à dir.) usa celular dos índios. Ao centro, Nacoça: agora, ele é cacique da Funai

A revista denunciava um suposto sequestro falso de um procurador da República e um funcionário da ONU pelos índios cintas-largas. Segundo a revista, o sequestro teria sido simulado para dar evidência aos personagens.

> "Os cintas-largas, de Rondônia, estão entre as etnias indígenas mais hostis do Brasil. Em 2004, eles massacraram 29 garimpeiros a tiros, flechadas e pauladas. Com esse histórico, não tiveram dificuldade em ganhar as páginas dos jornais do mundo inteiro, em dezembro do ano passado, quando anunciaram o sequestro de um membro do Alto Comissariado de Direitos Humanos da ONU, um procurador da República e outras três pessoas".

As provas apresentadas pela revista eram um vídeo (de dois anos antes, que nada tinha a ver com os cintas-largas), fotos do representante da ONU tomando banho de rio e do procurador falando ao celular.

> "Numa das cenas, que ilustra esta página, vê-se o funcionário da ONU, o espanhol David Martín Castro, muito satisfeito, tomando banho de rio com seus supostos carcereiros. No dia em que deixou a reserva, Martín Castro fez um discurso emocionado em homenagem a seus anfitriões. "Agradeço pelas 'picanha' e pela festa", disse. As "picanha" às quais ele se referiu vieram de bois abatidos – um por dia – pelos índios para comemorar sua "visita" à aldeia. Depois do discurso, ao som de palmas e brados de felicitação, os cintas-largas presentearam o espanhol com um colar. O procurador Reginaldo Trindade recebeu tratamento semelhante.

O texto continha cacos primários, toscos, típicos da então fase da revista, como esta pérola:

> "Em janeiro, Márcio Meira, presidente da fundação, nomeou para o cargo o cacique Nacoça Cinta-Larga, um dos indiciados pelos assassinatos dos garimpeiros. Como se vê, esse Nacoça só não é paçoca porque as autoridades da região pouco fazem para impor o respeito às leis".

Em nenhum momento se mencionava o nome do governador Ivo Cassol. E a versão do procurador foi desconsiderada.

Ele afirmava ter ido à aldeia, acompanhado do representante da ONU, para convencer os cintas-largas a abandonarem a extração ilegal de madeira e de diamantes. Levava a proposta do governo, de alternativas à exploração irregular.

Houve uma discussão com os índios. A liderança principal defendia o fim imediato da extração e negociação com governo. Outro grupo defendia que devia continuar até ter garantia maior de que o governo iria cumprir a sua parte. Concluiu-se que só poderiam aceitar na presença do presidente da Funai. A posição dos índios foi então de que ninguém sairia dali até o presidente da Funai chegar.

Não foi um sequestro, no sentido clássico, mas uma restrição de liberdade, para poder resolver de vez a questão. Nem o representante da ONU foi proibido de tomar banho de rio, nem o procurador de falar ao telefone.

Montando o dossiê

Saber quem é esse procurador, e seus embates com Cassol, ajudará a entender a montagem.

Antes do esquema ser desbaratado pela Operação Titanic, da Polícia Federal, a única força a enfrentar Cassol e seu grupo político era o procurador Reginaldo Pereira de Trindade. Especialmente em questões envolvendo a área indígena.

Há anos Cassol buscava desmoralizá-lo, em uma típica tática de assassinato de reputação, visando enfraquecer os inquéritos contra ele.

A matéria da Veja foi inteiramente baseada em documentos e vídeos levantados por uma jornalista (na verdade, uma cabeleireira), de nome Ivonete Gomes, de um site chamado "Rondoniagora",

Quando estourou a Operação Titanic, a Polícia Federal de Rondônia abriu um inquérito, no qual a farsa montada veio à tona. Ouvido, um comerciante de pedras contou como Ivonete preparou o dossiê contra o procurador Trindade.

Para fabricar o dossiê, Cassol se valeu das verbas publicitárias do Estado para financiar um "documentário" sobre a extração ilegal de diamantes na reserva Cinta Larga e colocou oficiais da PM e funcionários cooptados da Funai para buscar informações que pudessem ser usadas contra o procurador Trindade. Na investigação aberta pela PF, constatou-se que Ivonete Gomes, a jornalista-cabeleireira, forçava as pessoas a falarem mal do procurador.

Montado o dossiê, foi encaminhado à revista Veja, juntamente com fitas de vídeo, que não corroboravam a tese da revista sobre o "sequestro fajuto".

O caminho para conquistar a cumplicidade da Veja foi fácil. Bastou insinuar que o procurador era ligado ao PT e Cassol um agente da modernidade contra o atraso representado pelos índios cintas-largas.

O resto ficou por conta da parcialidade da revista.

Trindade foi contatado na sexta de manhã, com o prazo para apresentar sua defesa até o meio dia. No prazo concedido, conseguiu enviar 17 laudas de explicações para a Veja. Não saiu uma linha, nem na seção de cartas.

No dia seguinte, e por vários dias depois, o site Rondoniagora replicou a notícia de *Veja* para instigar a população contra o procurador. Cassol usou o quanto pôde a matéria.

Armação desmontada

No *dia 25 de junho*, a revista *CartaCapital* publicou reportagem de Leandro Fortes, enviado especial a Rondônia. Leandro tinha ido com a incumbência de levantar o submundo político montado por Cassol. Acabou identificando a farsa do dossiê:

> "Instalada em uma lojinha de subsolo na zona rural do município de Espigão D'Oeste, em Rondônia, onde negocia a compra e venda de diamantes, Edvaneide Vieira de Oliveira, de 35 anos, foi convocada pela Polícia Federal, há pouco mais de um mês, para depor.
>
> No depoimento à PF, Edvaneide disse ter sido procurada pelas repórteres Ivonete Gomes e Marley Trifílio, ambas do Rondoniagora, noticiário francamente favorável ao governador Ivo Cassol (sem partido), em dezembro de 2007, para uma "videorreportagem". Segundo a comerciante, as duas, no entanto, se apresentaram como repórteres do jornal O Estado de S. Paulo e pediram a ela para falar sobre um sequestro sofrido pelo procurador Reginaldo Trindade no fim de 2007, pelos índios cinta-larga, juntamente com um representante das Nações Unidas, o espanhol David Martín Castro. (...)
>
> No depoimento tomado pelo delegado federal Rodrigo Carvalho, Edvaneide de Oliveira afirmou que Ivonete Gomes ("meio gordinha, cabelo com reflexos loiros, comprido"), e Marley ("gordinha, cabelo com reflexos, mais curto") queriam que ela "inventasse uma história para comprometer algum político, empresário ou autoridade conhecida" e, também, acusasse o procurador Trindade de estar "fazendo lobby para alguma pessoa forte". Segundo a comerciante, Ivonete revelou ter ido lá "só para isso". Mais adiante, relatou Edvaneide, a repórter teria apresentado uma lista de nomes para ligar o suposto lobby de Trindade a "alguém muito forte", mas ela não concordou em referendar nenhum dos nomes. A comerciante acusa as jornalistas, ainda, de terem oferecido dinheiro em troca de um depoimento contra o procurador".

A matéria saiu no domingo. Na quinta-feira, portanto em apenas quatro dias, o governador Ivo Cassol já enviava uma denúncia para o Conselho Nacional do Ministério Público, baseada na reportagem da *Veja*.

A denúncia encaminhada por Cassol ao CNMP continha todos os elementos mencionados pela revista, mais alguns adicionais. De seu lado, por mais que tentasse, o procurador Trindade não conseguiu que a revista lhe enviasse o material, nem mesmo após a publicação da matéria, sob a alegação de "sigilo de fonte".

Na mesma quinta-feira, coincidentemente, reuniu-se em Porto Velho a Subcomissão do Senado para Apurar a Crise Ambiental da Amazônia. O relator era o senador Expedito Junior – que, logo depois, seria envolvido com Cassol na denúncia formulada pelo procurador geral da República. Na reunião, Cassol exigiu em altos brados punição para Trindade, com base nas denúncias publicadas pela revista. Segundo ele, Trindade estaria estimulando a exploração de madeiras pelos índios.

Na fronteira da civilização, em pleno faroeste brasileiro, um homem da lei, um procurador da República, correndo riscos de vida e de reputação, buscando cumprir sua missão, de impor as leis da Federação sobre a selvageria de quadrilhas. E foi alvejado pela revista *Veja*. Sua reputação foi manchada em todo o país, foi-lhe suprimido o direito de defesa durante a matéria e após. A revista não publicou uma retificação sequer.

Em maio, após uma manifestação de todo MP de Rondônia, Cassol cessou a campanha contra Trindade.

Mas uma conta ficou em aberto: os ataques de *Veja*. Até hoje não se publicou nenhuma retificação, nenhuma carta contestando os ataques.

A defesa do procurador

No dia 4 de julho de 2008, o Procurador Reginaldo Trindade apresentou sua defesa ao Conselho Nacional do Ministério Público.
 São 109 páginas. O item 9 aborda o "comportamento não condizente do repórter responsável pela matéria na revista *Veja*, José Edward".
 A relação de manipulações é ampla.

Fato 1 - O repórter entrou em contato com o procurador, informando-o do teor da matéria e querendo ouvir sua versão. O procurador solicitou que as perguntas fossem feitas por escrito, para evitar distorção em suas palavras. Vieram as perguntas.
 Seguiram as respostas, em várias páginas. Nenhuma resposta, nenhuma ponderação foi incluída na matéria. Na manhã de sexta-feira, 18 de abril, o repórter entrou em contato com o procurador de novo. Mas provavelmente a edição da revista já tinha fechado.

Fato 2 - O repórter ligou para o motorista Mauro Bueno Gonçalves, para tentar levantar se houve encenação na detenção do procurador e do representante da ONU.
 O relatório traz trechos do depoimento do motorista no inquérito aberto:

> "E passado já alguns meis (sic) no dia 18/04/08 fui procurado pelo um reporte da VEJA por nome de José que perguntou como foi que aconteceu falei como foi ele perguntou sobre Reginaldo e o David como eles ficarão. Dise o que presenciei e o que vi.Das pergunta que o reporte fez a mim nada foi dito pela VEJA o que esta no site. São palavra diferente." (fls. 35 dos autos; sic)."

A chave do carro tinha sido tomada à força do motorista pelos índios. A reportagem ignorou a informação. O motorista informou de golpes violentos desferidos pelos índios na mesa e nos livros do procurador. A informação não foi considerada.
 O motorista prestou depoimento à Polícia Federal, voltando a reiterar o comportamento do repórter:

> "QUE sim, foi procurado via telefone por um repórter da revista Veja, o qual se apresentou como José e lhe fez algumas perguntas, as quais indagavam acerca de um 'falso seqüestro' cometido pelos indígenas contra o Procurador da República e um Representante da ONU, sendo que o declarante respondeu ao jornalista que o seqüestro realmente ocorreu, nada foi fajuto, não havendo indícios de que tudo tenha sido tramado; QUE o jornalista continuou a fazer perguntas sobre o seqüestro, indagando acerca da alimentação dos mesmos durante o tempo em que permaneceram na aldeia, além de outras perguntas pertinentes, sendo que lhe foi respondido da mesma forma em que está respondendo aos quesitos deste termo de declarações; QUE após, publicada uma matéria pela revista Veja, distorcendo as respostas que o declarante teria dado ao referido jornalista." (fls. 36/37 da 1ª parte de documentos que instrui a presente).

Fato 3 - O repórter chegou a procurar o próprio Almir Suruí, chefe indígena, encaminhando perguntas por e-mail. Almir negou firmemente ter havido simulação do sequestro. Mas sua resposta também não foi levada em consideração.

Fato 4 - Também foi consultada Ivaneide Bandeira Cardozo, a "Neidinha", da ONG indígena Kanindé. Seu depoimento foi desconsiderado. Ela enviou carta ao procurador:

> "Fui entrevistada pelo repórter José Edward da Revista Veja (MG), no dia 10 de abril, que fez a mesma pergunta, e respondi que não era verdade, que havia invasão de madeireiros por conivência da FUNAI e alguns índios." (fls. 74 da 1ª parte dos documentos ora apresentados)".

Ivaneide enviou um segundo e-mail ao procurador, manifestando sua impressão de que o repórter fosse ligado ao governador Ivo Cassol.

A percepção geral em Rondônia foi dessa cumplicidade, devido à coincidência de apenas quatro dias após a publicação da reportagem, o governador de Rondônia formulou representação à Subcomissão do Senado para Acompanhar a Crise Ambiental na Amazônia "calcada na reportagem, mas lastreada em diversos documentos e vídeos "não exibidos pelo site da revista".

Mesmo com todos esses indícios de crime jornalístico, tendo um dos seus como vítima, ninguém do Ministério Público Federal ousou uma representação sequer contra a revista[26].

---

[26] (https://goo.gl/qJmJm2

A Lava Jato

No dia 14 de outubro de 2015, quando a Lava Jato ainda estava no início, publiquei o artigo abaixo mostrando a sua lógica.
  Como a Lava Jato foi pensada como uma operação de guerra o juiz Sérgio Moro estudou o episódio das Mãos Limpas, na Itália, e aliou-se à mídia

Considerações sobre a Operação Mãos Limpas

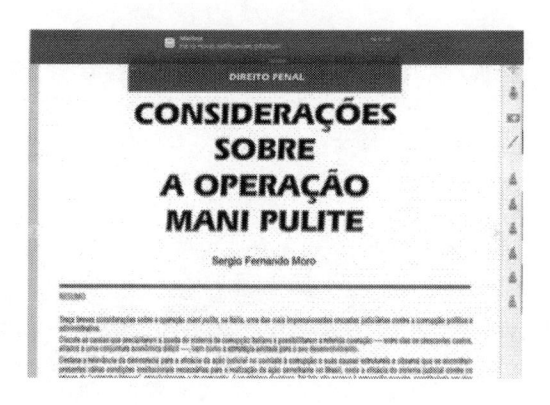

O vazamento torrencial de depoimentos, a marcação cerrada sobre Lula, o pacto incondicional com os grupos de mídia, a prisão de suspeitos até que aceitassem a delação premiada, essas e demais práticas adotadas pela Operação Lava Jato estavam previstas em artigo de 2004 do juiz Sérgio Moro, analisando o sucesso da Operação Mãos Limpas (ou mani pulite) na Itália.

O *paper* "Considerações sobre a operação *Mani Pulite*", de autoria de Moro é o melhor preâmbulo até agora escrito para a Operação Lava Jato. E serviu de base para a estratégia montada.

Em sete páginas, Moro analisa a operação Mãos Limpas na Itália e, a partir daí, escreve um verdadeiro manual de como montar operação similar no Brasil, valendo-se da experiência acumulada pelos juízes italianos.

As metas perseguidas

Na abertura, entusiasma-se com os números grandiosos da Mãos Limpas: "Dois anos após, 2.993 mandados de prisão haviam sido expedidos; 6.059 pessoas estavam sob investigação, incluindo 872 empresários, 1.978 administradores locais e 438 parlamentares, dos quais quatro haviam sido primeiros-ministros".

Admite os efeitos colaterais, dez suicídios de suspeitos, vários assassinatos de reputação cometidos na pressa em divulgar as informações e, principalmente, a ascensão de Silvio Berlusconi ao poder.

Mas mostra as vantagens, no súbito barateamento das obras públicas italianas depois da Operação. Principalmente, chamam sua atenção as possibilidades e limites da ação judiciária frente à corrupção nas democracias contemporâneas.

A lógica política da Mãos Limpas

A lição extraída por Moro é que existe um sistema de poder a ser combatido, que é a política tradicional, com todos seus vícios e influências sobre o sistema judicial, especialmente sobre os tribunais superiores.

O sistema impede a punição dos políticos e dos agentes públicos corruptos, devido aos obstáculos políticos e "à carga de prova exigida para alcançar a condenação em processo criminal".

O caminho então é o que ele chama de democracia – que ele entende como uma espécie de linha direta com a "opinião pública esclarecida", ou seja, a opinião difundida pelos grandes veículos de imprensa, dando um by-pass nos sistemas formais.

"É a opinião pública esclarecida que pode, pelos meios institucionais próprios, atacar as causas estruturais da corrupção. Ademais, a punição judicial de agentes públicos corruptos é sempre difícil (...). Nessa perspectiva, a opinião pública pode constituir um salutar substitutivo, tendo condições melhores de impor alguma espécie de punição a agentes públicos corruptos, condenando-os ao ostracismo".

O jogo consiste, então, em trazer a disputa judicial para o campo da mídia.

Análise de situação

Em sua opinião, os fatores que tornaram possível a Operação, alguns deles presentes no Brasil.

1. Uma conjuntura econômica difícil, aliada aos custos crescentes com a corrupção.

2. A abertura da economia italiana, com a integração europeia, que abriu o mercado a empresas estrangeiras.

3. A perda de legitimidade da classe política com o início das prisões e a divulgação dos casos de corrupção. Antes disso, a queda do "socialismo real", "que levou à deslegitimação de um sistema político corrupto, fundado na oposição entre regimes democráticos e comunistas".

4. A maior legitimação da magistratura graças a um tipo diferente de juiz que entrou nas décadas de 70 e 80, os "juízes de ataque", nascido dos ciclos de protesto.

Usando e sendo usado

Um dos pontos centrais da estratégia, segundo Moro, consiste em tirar a legitimidade e a autoridade dos chefes políticos – no caso da "Mãos Limpas", Arnaldo Forlani e Bettino Craxi, líderes do DC e do PSI – e dos centros de poder, "cortando sua capacidade de punir aqueles que quebravam o pacto do silêncio". Segundo Moro, o processo de deslegitimação foi essencial para a própria continuidade da operação *"mani pulite"*

A arma para tal é o uso da mídia, através da ampla publicidade das ações. Segundo Moro, na Itália teve "o efeito salutar de alertar os investigados em potencial sobre o aumento da massa de informações nas mãos dos magistrados, favorecendo novas confissões e colaborações. Mais importante: garantiu o apoio da opinião pública às ações judiciais, impedindo que as figuras públicas investigadas obstruíssem o trabalho dos magistrados".

Moro admite que a divulgação indiscriminada de fatos traz o risco de "lesão indevida à honra do investigado ou acusado". Mas é apenas um dano colateral menor.

Recomenda cuidado na divulgação dos fatos, mas "não a proibição abstrata de divulgação, pois a publicidade tem objetivos legítimos e que não podem ser alcançados por outros meios".

Segundo Moro, "para o desgosto dos líderes do PSI, que, por certo, nunca pararam de manipular a imprensa, a investigação da *"mani pulite"* vazava como uma peneira. Tão logo alguém era preso, detalhes de sua confissão eram veiculados no "L'Expresso", no "La Republica" e outros jornais e revistas simpatizantes".

Para ele, apesar da Mãos Limpas não sugerir aos procuradores que deliberadamente alimentassem a imprensa, "os vazamentos serviram a um propósito útil. O constante fluxo de revelações manteve o interesse do público elevado e os líderes partidários na defensiva. Craxi, especialmente, não estava acostumado a ficar na posição humilhante de ter constantemente de responder às acusações e de ter sua agenda política definida por outros".

A delação premiada

Segundo Moro, a estratégia consiste em manter o suspeito na prisão, espalhar a suspeita de que outros já confessaram e "levantar a perspectiva de permanência na prisão pelo menos pelo período da custódia preventiva no caso da manutenção do silêncio ou, vice-versa, de soltura imediata no caso de uma confissão (uma situação análoga ao arquétipo do famoso "dilema do prisioneiro")".

Ou seja, a prisão – e a perspectiva de liberdade – é peça central para induzir os prisioneiros à delação. Mas há que se revestir a estratégia de todos os requisitos legais, para "tentar-se obter do investigado ou do acusado uma confissão ou delação premiada, evidentemente sem a utilização de qualquer método interrogatório repudiado pelo Direito. O próprio isolamento do investigado faz-se apenas na medida em que permitido pela lei".

Moro deixa claro que o isolamento na prisão "era necessário para prevenir que suspeitos soubessem da confissão de outros: dessa forma, acordos da espécie "eu não vou falar se você também não", não eram mais uma possibilidade.

O caso Lava Jato

Assim como nas Mãos Limpas, a Lava Jato procura definir a montagem de um novo centro de poder.

Em sua opinião, o inimigo a ser combatido é o sistema político tradicional, composto por partidos que estão no poder, o esquema empresarial que os suporta e o sistema jurídico convencional, suscetível de pressões.

O novo poder será decorrente da parceria entre jovens juízes, procuradores, delegados – ou seja, eles próprios - com o que Moro define como "opinião pública esclarecida" – que vem a ser os grupos tradicionais de mídia.

Nesse jogo, assim como no xadrez, a figura a ser tombada é a do Rei adversário. Enquanto o Rei estiver de pé será difícil romper a coesão do seu grupo, os laços de lealdade, ampliando as delações premiadas.

Fica claro, para o Grupo de Trabalho da Lava Jato, que o Bettino Craxi a se mirar, o Rei a ser derrubado, era o ex-presidente Lula. O vazamento sistemático de informações, sem nenhum filtro, é peça central dessa estratégia.

Para a operação de guerra da Lava Jato funcionar, sem nenhum deslize legal – que possa servir de pretexto para sua anulação - há a necessidade da adesão total do grupo de trabalho e dos aliados da mídia às teses de Moro.

A homogeneidade do GT só foi possível graças à atuação do Procurador Geral da República Rodrigo Janot, que selecionou um a um os procuradores da força tarefa; e da liberdade conferida à Polícia Federal do Paraná para constituir seu grupo. O fato de procuradores paranaenses e delegados já orbitarem em torno do ex--senador Flávio Arns certamente favoreceu a homogeneização. E, obviamente, a ausência de José Eduardo Cardozo no Ministério da Justiça.

Para ganhar a adesão dos grupos de mídia, o pacto tácito incluiu a blindagem dos políticos aliados. Explica-se por aí a decisão de Janot de isentar Aécio Neves das denúncias do doleiro Alberto Youssef, sem que houvesse reclamações do Grupo de Trabalho.

A falta de cuidados com o desmonte da cadeia do petróleo também se explica por aí. Na opinião de Moro e da Lava Jato a corrupção nas obras públicas decorre de uma economia fechada, preocupada em privilegiar as empresas nacionais. É o que está por trás das constantes tentativas de avançar sobre o BNDES (Banco Nacional do Desenvolvimento Econômico e Social) – o similar italiano do BNDES foi um dos alvos preferenciais da Mãos Limpas.

No fundo, o arcabouço institucional brasileiro estava sendo redesenhado por um autêntico Tratado de Yalta, em torno do novo poder que se apresenta: juízes, procuradores da República e delegados federais associados aos grupos de mídia.

A grande contribuição à força Lava Jato foi certamente a enorme extensão da corrupção desvendada, sem paralelo na história recente do país e sem a sutileza dos movimentos de privatização e dos mercados de juros e câmbio.

A única coisa que Moro não entendeu – ou talvez tenha entendido – é que a ascensão de Silvio Berlusconi não foi um acidente de percurso. Foi o rei posto – a mídia nada virtuosa – sobre os escombros do rei morto – um sistema político corrupto.

A ideia de que a mídia é um território neutro, onde se disputam espaços e ideias é pensamento muito ingênuo para estrategistas tão refinados.

A Lava Jato e o assassinato de reputações

Valter Cardeal tem 45 anos de setor elétrico, 30 como diretor, os últimos 13 como executivo do governo federal. Trouxe na biografia a participação no governo Alceu Collares, quando Dilma Rousseff era Secretária de Energia.

Essa ligação custou-lhe 13 anos de marcação cerrada, na qual levantaram apenas dois episódios contra ele. Mas deu-lhe o mérito de desenvolver um dos mais importantes programas sociais da era Lula, o programa Luz Para Todos.

O primeiro episódio, de um suposto envolvimento em escândalos na Eletrobras em 2010. A Polícia Federal captou uma escuta que, fora a linguagem coloquial, não tinha um indício sequer de atos irregulares. O caso acabou arquivado pelo Ministério Público Federal depois que o próprio TCU constatou a lisura do processo.

Outro caso foi de um diretor da Eletrobras que respondia a uma ação de improbidade. O problema não foi detectado nem pela ABIN (Agência Brasileira de Inteligência) e nem pela Polícia Federal. A ficha vinda da Justiça omitia a informação. Pelo fato de sua assinatura estar no processo de contratação, o Ministério Público Federal abriu uma ação contra Cardeal. O sujeito alvo da ação de improbidade nada sofreu. Cardeal responde à ação até hoje.

As contratações no setor elétrico

Cardeal não trabalhava em Angra 3, não integrava sequer o conselho da Eletronuclear. Em princípio nada tinha a ver com as obras de Angra 3. Na condição de diretor de geração da Eletrobras, tem a responsabilidade de acompanhar indiretamente o avanço financeiro e físico com a obra, já que a Eletronuclear é uma subsidiária.

O modelo de contratação do setor elétrico é totalmente diferente daquele que vigorava na Petrobras.

Fernando Henrique Cardoso tirou as amarras da Petrobras da Lei das Licitações, mas a empresa não desenvolveu normas de *compliance* para monitorar os processos decisórios. Diretores tinham autonomia para contratar até R$ 2 bilhões. Um diretor podia convocar as empresas, acertar o preço e contratar.

Na Eletrobras as contratações são submetidas à Lei 8666.

Na hora de licitar uma usina, a Eletrobras procede ao estudo de licenciamento ambiental, componente indígenas, questão social, o EVTE (Estudo de Viabilidade Técnica e Econômica). Analisa o CAPEX (o total de investimentos) e o OPEX (o total a ser gasto na operação) para chegar ao preço da energia.

Esses estudos são apresentados à EPE (Empresa de Planejamento Energético) que analisa e faz ajustes pontuais. Aí vai para o TCU (Tribunal de Contas da União) que ajuda a estabelecer o preço final.

Terminado o processo, abre-se a licitação e a Eletrobras disputa o leilão de energia com outras empresas. Vencendo pelo critério do menor preço, o contrato é homologado pela ANEEL ou pelo poder concedente. E aí começa a correr o prazo.

A energia tem que ser entregue na data acertada em contrato. Tem que se calcular o período de construção, o da licença prévia, mais um período de licença de instalação de operação e, então, o início da geração comercial. Para entrar na licitação, a Eletrobras precisa assinar um pré-contrato com a empreiteira, para poder dar o lance final.

Há um embate permanente entre contratantes e contratados.

Se não entregar a energia no prazo combinado, a empresa terá que a adquirir no mercado à vista, a preços exorbitantes desde que a seca produziu desequilíbrios hidrológicos relevantes.

Sabendo disso, os empreiteiros fazem um jogo permanente. Mal começa a obra apelam aos chamados "claims" (cálculos de perdas em desvios contratuais). Contratam empresas especialistas para calcular perdas. Se uma fatura é atrasada por mais de 90 dias, têm direito de parar a obra. Se o contrato é por PU (Preço Unitário), aumentam a quantidade de unidades. Se Preço Global, sempre tratarão de identificar riscos geológicos maiores que os previstos. Começa um trabalho de procrastinar enquanto o calendário vai correndo.

As rixas com Ricardo Pessoa

Foi nesses embates que Cardeal conquistou um inimigo, Ricardo Pessoa, da UTC, apontado como coordenador informal do cartel de empreiteiras. Até o governo FHC o cartel envolvia 13 empresas. Com a explosão de obras no governo Lula, passou a contar com 26.

Os trabalhos de Angra 3 são complexos. É uma usina antiga, totalmente analógica e teria que se terminar a construção com sistemas digitais modernos. Para tanto, teriam que contratar montagem eletromecânica.

O contrato estava andando quando, de repente, os preços originais de R$ 2,9 bilhões foram reajustados para R$ 3,3 bilhões.

Cardeal já tinha mais de 30 usinas nas costas e percebeu que o valor ficou alto demais. Com 1.450 MW, Belo Monte é maior que Itaipu e, para ela, a montagem foi contratada por R$ 1,2 bilhão.

A própria UTC integrava o consórcio contratado para Belo Monte e caiu fora porque não aceitou baixar o preço. Quando saiu do consórcio, foi admitida outra empresa e fechado o valor final de R$ 1,2 bilhão.

Logo em seguida a UTC apareceu em Angra 3 integrando um consórcio com a Camargo Correia e a Odebrechet. O preço já tinha sido adjudicado para o vencedor e publicado no Diário Oficial de forma relâmpago, com a aprovação da comissão de licitação.

Na hora de assinar o contrato, Cardeal recusou julgando o valor excessivo. O presidente da Eletronuclear, Almirante Othon Luiz Pinheiro da Silva temeu pelo atraso e alegou que nada poderiam fazer já que o orçamento havia sido aprovado no TCU e publicado no Diário Oficial.

Cardeal insistiu, estudou os contratos e descobriu uma cláusula que permitia uma redução de até 6% no valor da obra – que representava R$ 200 milhões – em caso de gestão compartilhada dos consórcios.

Pessoa alegou que a cláusula era opcional. Cardeal rebateu que poderia ser opcional para as empreiteiras, não para a Eletrobras. E solicitou que abrissem todos os custos. Vieram com os custos abertos e a proposta de redução de 3,94%. Cardeal bateu o pé nos 6% e venceu. Tentou ampliar mais, mas o contrato não permitia.

A vingança de Pessoa

Aí entra a Lava Jato.

Após a visita aos Estados Unidos, a força tarefa da Lava Jato decidiu focar no setor elétrico. Pessoa foi pressionado a ampliar a delação para além da Petrobras. E viu a oportunidade de enredar Cardeal em sua delação.

Antes de confirmar qualquer dado, a Lava Jato liberou as declarações de Pessoa criminalizando Cardeal para a revista *Veja*, mesmo estando protegidas por sigilo.

A versão era de um amplo nonsense.

Segundo a matéria fornecida a *Veja*, a Eletrobras teria pedido um desconto de 10% no valor cobrado pelo consórcio. Este teria aceitado um abatimento de 6%. Segundo o jornalismo de baixo nível da revista, "a diferença não resultou em economia para os cofres públicos" porque a diferença deveria ser doada para o PT.

Era óbvia a falta de nexo da matéria – e dos procuradores que passaram as informações.

Primeiro, o ineditismo de baixar o preço para cobrar propina. Mesmo que a tese fosse correta, não poderia ignorar que houve a redução de 6% na conta da Eletronuclear.

Além disso, pelas contas da Lava Jato, houve a transferência de R$ 7,5 milhões para a campanha do PT pela UTC. Ora, 4% do contrato equivaleriam a R$ 133 milhões. Como explicar essa desproporção entre a suposta delação de Pessoa e os valores apurados?

Se a força tarefa da Lava Jato se dispusesse a analisar documentos, antes de repassar a denúncia para revista *Veja*, poderia consultara Carta Eletronuclear à Eletrobras de 7 de abril de 2014.

Na carta informa-se de uma reunião de 25.02.2014 conduzida pelo Diretor de Operações da Eletrobras (Valter Cardeal) na qual os consórcios apresentaram proposta conjunta de desconto de 3,94%. "Declaram, entretanto, concordar em elevar esse desconto para 6%, valor previsto no Edital para a situação de acordo operacional entre os consórcios vencedores".

Cardeal tentou ampliar o desconto, mas não conseguiu.

A ata é conclusiva:

> "A Eletrobras Eletronuclear entende como louvável qualquer esforço na direção de conseguir menores preços para os empreendimentos e não temos a menor dúvida que este mesmo entendimento vem norteando a motivação do Dr. Valter Cardeal".

Mesmo assim, apresentava 6 circunstâncias para concluir o processo licitatório. Alegava que poucos processos licitatórios haviam sido tão examinados como aquele. A postergação da assinatura dos contratos de montagem impactava diretamente o cronograma de conclusão.

Outro documento, de 26 de março de 2014, comprova que o consórcio propunha uma redução de apenas 3,94% no valor final do contrato.

No Estadão, trechos de e-mails recolhidos do consórcio tratam Cardeal como "Eclesiástico" e "Sua Santidade" e informam que ele questionou a Eletronuclear sobre os preços cobrados.

De que adiantou? O rosto de Cardeal e a pecha de criminoso circularam por revistas do porte da *Veja* e, esta semana, da IstoÉ.

O excesso de pragmatismo

Numa ponta tinha-se o líder de um cartel, Ricardo Pessoa, réu confesso, e uma revista – a *Veja* – até recentemente associada a uma organização criminosa, de Carlinhos Cachoeira. *Veja* participou ativamente das manobras para anular a Operação Satiagraha, divulgando informações falsas, promovendo assassinatos de reputação em troca de gordas verbas publicitárias do grupo Opportunity.

Na outra, um técnico do setor com 45 anos de carreira sobre a qual não pesa uma denúncia consistente sequer.

Se a doutrina tivesse sido seguida, os procuradores não teriam passado as informações para *Veja* antes de apurar sua consistência. Cardeal teria tido oportunidade de se defender e demonstrar sua inocência.

O preço dessa parceria midiática não se restringe aos inocentes fuzilados pelo caminho. A conta é muito mais cara.

A capa que quase decide a eleição

Na edição de 29 de outubro de 2014 (que foi para as bancas no dia 23 de outubro, véspera do segundo turno das eleições presidenciais) *Veja* parte para sua última cartada, a decisiva, capaz de decidir uma eleição e, com o prestígio conquistado, garantir a sobrevivência editorial do grupo.

As fotos de meio rosto de Lula e Dilma compunham um mesmo ambiente. O texto era incisivo:

O doleiro Alberto Youssef, caixa do esquema de corrupção da Petrobras, revelou à Polícia Federal e ao Ministério Público, na terça-feira passada, que Lula e Dilma Rousseff tinham conhecimento das tenebrosas transações na estatal.

Os analistas já esperavam tenebrosas transações editoriais na véspera da eleição, a sempre repetida bala de prata que decidiria as eleições.

Desta vez tinha-se um pleito rigorosamente empatado e, dependendo da repercussão, a capa da Veja poderia decidir a eleição.

A publicação da revista veio acompanhada de um fortíssimo esquema de distribuição de fac-símiles da capa por todo o país.

Àquela altura, o processo de degradação da revista tinha chegado a níveis irreversíveis, sem nenhum compromisso com os fatos ou com a verdade.

A Carta ao Leitor era uma tentativa canhestra de explicar a coincidência de uma reportagem bomba saindo justamente na véspera das eleições.

> Nos últimos depoimentos, Youssef disse que Lula participou da montagem do esquema de corrupção na Petrobras e que Dilma Rousseff sabia de tudo quando era ministra-chefe da Casa Civil e, depois, já eleita presidente da República.
> (...) Veja publica essa reportagem às vésperas do turno decisivo das eleições presidenciais obedecendo unicamente ao dever jornalístico de informar imediatamente os fatos relevantes a que seus repórteres têm acesso., Basta imaginar a temeridade que seria não trazê-los à luz para avaliar a gravidade e a necessidade de cumprimento desse dever".

Assinada por Robson Bonin, a primeira página continha um desenho simulando o local do interrogatório. E um novo texto explicando as razões cívicas que levaram a revista a publicar a tal história e uma ressalva preventiva:

> Cedo ou tarde os depoimentos de Youssef virão a público em seu trajeto na Justiça rumo ao Supremo Tribunal Federal (STF), foro adequado para o julgamento de parlamentares e autoridades citadas por ele e contra as quais garantiu a autoridades ter provas. Só então se poderá ter certeza jurídica de quem as pessoas acusadas são ou não culpadas.

A reportagem citava o que garantia ser declaração de Youssef:

> – O Planalto sabia de tudo!
> – Mas quem no Planalto? – perguntou o delegado.
> – Lula e Dilma – respondeu o doleiro.

Foi assim que a revista descreveu a suposta delação, conforme consta na página 61 daquela edição.

> O doleiro não apresentou – e nem lhe foram pedidas – provas do que disse. Por enquanto, nesta fase do processo, o que mais interessa aos delegados é ter certeza de que o depoente atuou diretamente ou pelo menos presenciou ilegalidades.

Segundo a revista, Youssef teria declarado que José Gabrielli, ex-presidente da Petrobras, lhe teria solicitado pessoalmente que arrumasse US$ 1 milhão para acalmar uma determinada agência de publicidade.

> Youssef simplesmente convenceu os investigadores de que tem condições de obter provas do que afirmou de a operação não poder ter existido sem o conhecimento de Lula e Dilma.

A revista dizia ter procurado os advogados de Youssef:

> Procurados, os defensores do doleiro não quiseram comentar as revelações de Youssef justificando que o processo corre em segredo de justiça.

Durante o dia houve um duro trabalho do Planalto, para tentar convencer a Globo a não repercutir a matéria no Jornal Nacional sem dar a oportunidade de se ouvir o outro lado. Havia um empate técnico entre Dilma e Aécio Neves e um carnaval no Jornal Nacional, em cima de fatos não confirmados. Seria uma interferência radical e indevida no processo eleitoral.

No início, a Globo mostrou-se irredutível. Na hora do almoço começou uma movimentação nas redes sociais. No meu Blog, por volta das 13 horas publiquei uma nota denunciando a possível manobra do Jornal Nacional. A nota viralizou, teve cerca de 240 mil visualizações apenas no Blog. O trabalho conjunto da blogosfera e das redes sociais impediu a consumação do golpe. No final da tarde, a Globo concordava em apresentar uma matéria isenta, ouvindo todos os lados e evitando um endosso à reportagem da *Veja*.

Na semana seguinte, no dia 29 *de outubro*, O Globo publicou reportagem dizendo que a PF suspeitava de armação na reportagem de *Veja*. Youssef havia prestado depoimento em 21 *de outubro* e sequer citou Lula. Em 22 *de outubro*, segundo O Globo, um dos advogados de Youssef pediu para "fazer uma retificação no depoimento". Ainda segundo as fontes da PF citadas pelo jornal, a frase incluída no depoimento teria sido a de que Youssef afirmava "acreditar que, pela dimensão do caso, não teria como Lula e Dilma não saberem".

A suposta retificação teria sido feita na 4ª feira e na 5ª já estava na *Veja*, que antecipou em um dia a distribuição da revista. Mas a própria *Veja* afirmara, em sua reportagem, que a investigação havia começado na terça-feira, mas só concluíra na tarde de 5ª.

No dia 30 *de outubro*, reportagem do Valor Econômico, de André Guilherme Vieira, trazia o desmentido do advogado de Youssef, Antônio Figueiredo Basto.

A reportagem menciona que a declaração de Youssef teria ocorrido no dia 22 de outubro. "Nesse dia não houve depoimento no âmbito da delação. Isso é mentira. Desafio qualquer um a provar que houve oitiva da delação premiada na quarta-feira", afirma, irritado, Basto.

O advogado diz ser falsa a informação de que o depoimento teria ocorrido na quarta para que fosse feito um "aditamento" ou retificação sobre o que o doleiro afirmara no dia anterior. "Não houve retificação alguma. Ou a fonte da matéria mentiu ou isso é má-fé mesmo", acusa o defensor de Youssef.

Através do conjunto de informações levantadas por diversos veículos, ficava claro que a revista tinha mentido, uma mentira que poderia ter modificado o resultado das eleições.

A primeira reação da presidente Dilma Rousseff foi solicitar um inquérito à Polícia Federal para investigar o suposto vazamento. Sua segunda reação foi não cobrar a conclusão do inquérito.

Jamais se soube das conclusões do inquérito. Dilma nunca se preocupou em exigir os resultados da investigação, em uma nítida demonstração de temor em relação ao poder maior da mídia.

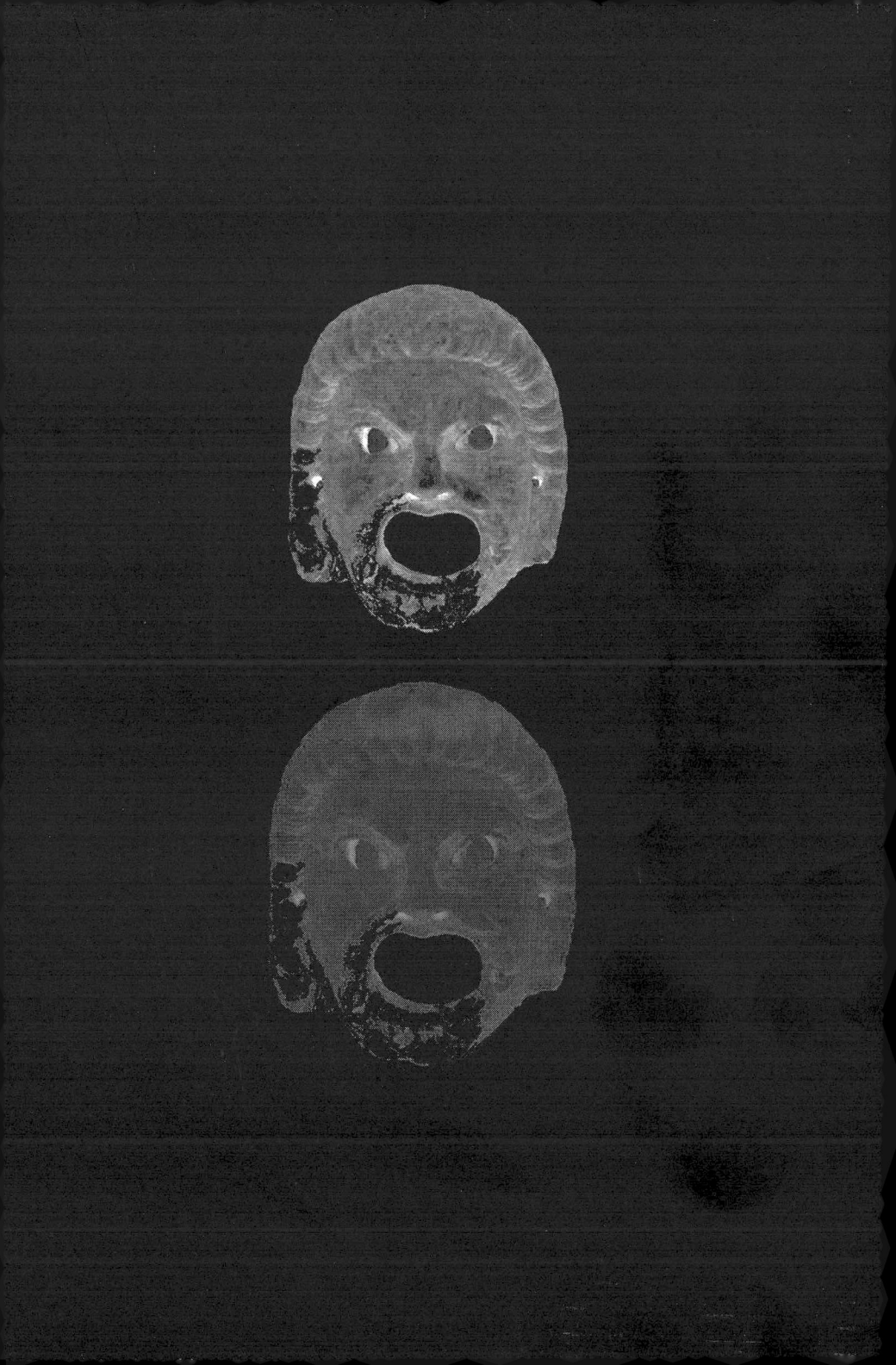

pólen soft 80 gr/m2
tipologia merriweather
impresso na primavera de 2021